温泉達人会

2021 v[illegible]ntents

山と温泉と肉の旅　金子真人　page 002

静岡市の秘境「梅ヶ島温泉郷」　寺田 聡　page 010

温泉おやじの湯巡り記録 岡山編　関 真典　page 015

「温泉百名山」選定登山 五三年ぶりのトムラウシ山　飯出敏夫　page 018

生まれかわりの旅 丑年御縁年に山形へ　鈴木哲也　page 024

東北地方と新潟の山と温泉Ⅱ　永野光崇　page 034

八幡平周辺の温泉を訪ねて　露木孝志　page 038

城と温泉と私　鹿野義治　page 042

二〇二一年呑み鉄の旅　高田和明　page 047

萌えいづる春 上高地　山田 豊　page 054

信州の懐かしい温泉　島根孝夫　page 056

岩手の湯巡り　高田彩朱　page 058

四国の島に　五十嵐光喜　page 064

湯巡り旅の相棒　武田 出　page 066

独断と妄想の温泉マイベスト 番外篇 その2 妄想温泉辞典　井澤俊二　page 077

～湯ノ平に温泉は湧くか?～ 古道を歩いて湯ノ平へ行ってみる　青沼 章　page 083

どすこい秩父・アツいぞ上州　吉田京子　page 086

二〇一七年入会同期組 座談会企画 第三回 温泉達人会 飯出代表と私たち
坂口裕之／鹿野義治／柴田克哉／長尾祐美　page 097

私の好きな温泉 南九州編 File 324 ～ 343　飯出敏夫　page 106

温泉達人会メンバーズ・活動レポート ――2020.9.1 ～ 2021.8.31　page 112

温泉達人会分科会・活動レポート 式根島御釜湾海中温泉　武田 出　page 131

★ cover

藤七温泉 彩雲荘 岩手県

単純硫黄泉

十和田八幡平国立公園内、標高約 1400 メートルに位置する一軒宿。荒涼とした風景の中に、足元湧出の５つの混浴露天風呂と女性専用の露天風呂、さらに男女別の内湯と宿泊者専用露天風呂をもつ。すべて源泉かけ流しの、八幡平の秘湯。

表紙：藤七温泉・彩雲荘　混浴露天風呂（2020 年 10 月 総会・納会にて）撮影：飯出敏夫

山と温泉と肉の旅

金子真人

本沢温泉の野趣あふれる露天風呂

薄紫色のとても面長な列車がホームに入ってきた。あずさ1号松本行きである。

紆余曲折を経て、結局開催の運びとなったオリンピック。その開会式当日の朝、私は重いザックを携えてJR新宿駅九番線でこの列車を待っていた。普段からスポーツの観戦にはあまり興味がないのでテレビ観戦はやめて、昨年と今年だけ特別にある、七月の四連休を楽しむことにしたのだ。

山は天候に恵まれないとつまらない。天気の行方を読んだ結果、連休二日目の朝の出発にした。そのこともあってか、ホーム上に人はまばらだった。

この列車で茅野まで行き、バスで八ヶ岳の麓を目指し、山小屋に併設のキャンプ場でテント二泊、温泉数カ所を巡るというのが今回の計画だ。

唐沢鉱泉から本沢温泉へ

茅野での乗り換え時間は一三分。まごついたらあっという間にピンチに陥る時間だが、西口ロータリーの外れに渋の湯行きのバス停を発見。ザックを同行の妻に預けて、水をくみに行っているうちにバスはやってきた。そして、乗客七割ほどを乗せて定刻に発車した。

一時間ほどバスに揺られて終点の渋の湯に到着する予定だったが、終点の数百メートル手前で止まってしまった。この先の一部に土砂災害があり、ここからは歩いてほしいということだ。

元々、時間の都合で渋の湯には入浴しない計画だったのと、登山道入り口はここと渋の湯との中間にあるので、都合がよかったのかそうでなかったのかは微妙である。ただ、先ほど水を予めくんでおいたのは正解だった。

途中で終わったバス

渋の湯への荒れた道路

歩き進むと、豪雨の影響か土砂が舗装道路にはみ出している箇所があった。コンパクトカーなら余裕で通行できるが、バスが入れないことは十分に実感できた。

十数分で、道の右側に「唐沢鉱泉」へ行く登山道が現れた。ここからは樹海を進むはっきりとした一本道を、気分よく歩いていく。登り調子の道を一時間ほど歩いて唐沢鉱泉に到着。

ここは山小屋ではなく、あくまでも普通の旅館だ。渋の湯とは別の一般道があり、マイカーでここまで来られる。「日本秘湯を守る会」の提灯に迎えられ、早速浴場へと向かったが、あいにく混雑していた。三、四人入れる浴槽が二つと打たせ湯があった。窓が大きく外の緑が堪能できる。秋は紅葉、冬は雪景色がきっと楽しめるのだろう。炭酸ガスの気泡がまとわりつくぬるめの湯にのんびり浸かること三〇分。あまり長居すると、これから四時間の歩きに影響が出てしまう。

唐沢鉱泉に到着

風呂から出ると外はしとしとと雨が降っており、急にモチベーションが下がってきた。とりあえず、休憩室で早めの昼食をとることにした。耐熱性の食糧保存袋に入っているピラフを、プラスチックのスプーンでむしゃむしゃ食べているうちに、幸い雨は上がってくれた。

緑の木々を苔むした岩が

点々とする道。見た目はさわやかだが、厳しい登り坂をピンクのリボンを追って進んでゆく。

突然視界が開け、まわりの山々が見渡せる場所に出た。「第一展望台」だ。そしてさらに三〇分で「第二展望台」に到着。どちらも今いる場所と同じ程度の高さの尾根が見渡せるが、感動するほどの景色ではない。

大きな岩に白いペンキで丸が書かれた方向へ歩き出し、ガレ場を慎重に下り、もう一回登り坂を頑張ると、西天狗岳（日本二百名山）に到着。ハイマツに囲まれた頂上らしい頂上だ。三角点のすぐそばには、古びた道祖神も鎮座している。

天狗岳のもう一つのピークである東天狗岳は岩だらけで、山頂のポールは岩に開けられた穴に突き刺さって固定されていた。

丸が書かれた方向へ

西天狗岳に登頂

この後、危険なガレ場を鎖を頼りに下り、梯子でつくった橋を渡り、分岐点から白砂新道と呼ばれる下り道をひたすら進むと、前方に黄色のタンクが見えてきた。ようやく「本沢温泉」に到着したのは、一八時だった。結構、時間がかかってしまったのだが、夏至の一カ月後に当たるこの時期は、まだ十分に明るい。

本沢の露天風呂で癒される

こげ茶色の建物で三方を囲まれた中庭にテーブルがいくつかあり、各々のテーブルでコンロの青い火が灯っている。

我々は受け付け、テント設営、缶ビールの購入を済ませ、歩いて一〇分の湯船を目指す。明日向かう夏沢峠方面への道を進み、野天風呂への分岐を曲がり、林の中を通りすぎると、眼下に大きな升が現れた。

つづら折りの坂道を下って行き、野天風呂「雲上の湯」に到着。脱衣所などまったく何もないその簡素な成り立ちは、二〇年前と変わっていなかった。先客の男性二人と一言二言挨拶して、乳白色の濁り湯に浸かった。四〇度くらいの適温が、今日五時間ほどこき使った体を癒してくれる。

本沢温泉

温泉成分としては、カルシウム、マグネシウム、ナトリウムが中心で、元素周期表の左側にまとまっているのが面白い。グレーの塩ビのパイプからお湯が出ているイメージだったが、今回はパイプがなかった。湯船の構造を変えたのだろうか。

先客二人がいなくなり、撮

影タイムを迎えることができた。間もなく一九時だが日の入り直前で、まだ十分に明るい。硫黄岳の雄姿が拝められるこの絶景が、この温泉とセットで語られる、みくりが池温泉との決定的な違いだ。

　のんびりしていたら、完全に日が落ちて真っ暗になってきた。すると高い所にライトが現れ、少しずつ下に降りてくる。宿の人だろうか。

　やってきたのは泊まり客だった。今日三回目の入浴だという。とても羨ましい。ちょうどよいきっかけになり、ここをあとにした。キャンプサイトはひっそりと静まり返っていた。間もなく二〇時になるのだから、当たり前である。

　親子丼のあたま、シチュー、カルビクッパなど、お湯を注ぐだけで美味しい料理が完成する、フリーズドライの食糧の世話になり、静寂な空間に妻の大きな笑い声が放たれないよう、注意しながら食事を楽しんだ。

　ここ本沢温泉では、テント泊の利用客も、平日であれば食堂が利用できるのだが、今日は祝日につきダメだ。でも、明日の宿は大丈夫なので、食事は予約済みである。肉料理も期待しており楽しみだ。

遅めの出発で次の目的地へ

　翌朝起きると、前夜あったテントの七割がすでに撤収されていた。山としてはかなり遅めの七時半の起床だが、これでいいのである。今日の行程はたったの三時間半で、途中の立ち寄り入浴もない。

　朝食を済ませ、準備を整えてここを出発する。湯面にパラフィン状の膜が張る、別源泉の「石楠花《しゃくなげ》の湯」は冬季のみ利用できるということで、湯小屋を見ながら夏沢峠へ向かった。

　ほどなくして野天風呂への分岐に差しかかった。ここからわずか数分で着く温泉を、素通りするわけにはいかない。

　林の中を通りすぎて、湯船の升が見えたところに重たいザックを置いて、白濁湯にさわりに行く。パイプがないのではっきりわからないが、今日もこんこんと湯が湧いているのだろう。入浴はせず近景・遠景の撮影を済ませて先に向かうことにした。

　天狗岳から本沢温泉へと標高差四〇〇メートルも下ってしまったのを取り返すがごとく、夏沢峠への厳しい登りが続く。温泉に浸かっていたら、恐らくばてていただろう。一時間弱で峠へ着いた。ここには山びこ荘とヒュッテ夏沢の二軒の山小屋があるが、どちらも営業していなかった。

　山びこ荘は本沢温泉の姉妹館であり、バルコニーにはあの雲上の湯の大きな写真が取り付けられていた。物凄い宣伝効果がありそうだ。写真の温泉は、少し前の時代の露天

石楠花の湯（閉鎖中）

本沢温泉の看板

風呂のようで、今よりもひと回り小さく見えた。

　大きな石に腰かけて休憩していると、中年の女性が通りがかり、今日は無計画の中日なのでどうしようかと相談をもちかけられた。自分たちが本沢温泉からやってきたことを伝えると、その場で温泉行き即決となった。看板の宣伝効果は素晴らしい。

　でも、今晩のテント泊は逆側にあたるオーレン小屋にしたいので、まずオーレン小屋に向かってテントを設営してから本沢温泉を往復するという。最終的に八ヶ岳の西側に下りたいのだろう。お別れしてしばらく経って、我々もオーレン小屋を目指した。

　十一時すぎのオーレン小屋は、昼食目当ての人でにぎわっていた。ここの名物はボルシチ。小屋のスタッフに窓越しで注文し、外のテーブルで料理が来るのを待っている。紙皿に盛られた美味しそうな料理が行き交っているが、まだお腹は減っておらず、用意もあるのでここをあとにした。

オーレン小屋のにぎわい

　当初の計画では、ここから西に三〇分ほど下ったところにある「夏沢鉱泉」に立ち寄るはずだったが、当分の間は日帰り入浴が制限されているのを、出発の数日前に確認していた。そのこともあって、今日は余裕のありすぎる行程となってしまった。

　オーレン小屋敷地からの脱出は少し困難だった。充分な案内板がないなか踏み跡をたどってゆくと、そのままキャンプサイトに入り込んでしまったのだ。この時間帯に早着してテントを張っている人はごくわずかである。然るべくして、先ほどの女性と出会ってしまった。

　言いそびれていた、脱衣場など何にもないということを伝えると、「知らない人に見られても何も恥ずかしくない」とのこと。

　我々は、硫黄岳への分岐点目指して出発した。

今夜のディナーが旅の目的？

　白い砂地が特徴の分岐点に着いた。どんよりした曇天ではあるが、正面に硫黄岳の雄姿が拝められるここで昼食をとることにした。

　来る人皆が、案内指標の前で写真を撮っていく。しばらくするとあたりが急に明るくなり、空の三分の一が青空に変わった。わずか一〇分ほどだったが、硫黄岳から横岳への稜線がきれいに拝めた。やはり山の醍醐味は天候次第だ。

一瞬晴れた硫黄岳

　この後、樹林帯を行く補修だらけの荒れた道を、飽きることなく快調に飛ばして、一五時前に今回の目的地である「赤岳鉱泉」に到着した。北アルプスの涸沢《からさわ》ヒュッテほどではないが、複雑な屋根構造の山小屋だ。調理場と思われる増築エリアの屋根に、煙突六本が突き刺さっているのがなんとも特徴的だ。グルメな山小屋で知られているだけに、調理中の換気も並みでは済まないのだろうか。

赤岳鉱泉

赤岳鉱泉のテン場

表にはすでに三〇張ほどのテントが思い思いの場所に立っている。小屋より一段高い場所にあるよさそうな空間を見つけ設営した。

小屋の玄関からは、下駄箱や食堂、販売グッズが見渡せた。そして受付窓口のすぐ横に「本日のメニュー」の黒板を発見。夕食は「ステーキ・ポトフ・サラダ・フルーツ」と書いてある。今日は当たりの日だった。妻の今回の最大の目当てはこのステーキだったので、もう大はしゃぎである。

メニューの黒板

間もなく小雨が降り始めた。テントに籠っていてもつまらないので、缶ビールを買って屋根付きのテラスでくつろぐことに。しばらくすると周囲の客がスマホ片手に東の空を見上げてざわつきだした。青空の中に横岳の岸壁がにょきっと頭を出している。

いいものを拝むことができた。さて、そろそろ風呂に行くことにしよう。

風呂場は脱衣所含めて四人までとなっており、妻はすぐに入れたが私は二番目の待ち客になった。ここ赤岳鉱泉の風呂の営業は五月末からの五カ月間だけなので、冬の時期ばかり訪れる人は、風呂の存在自体を知らない人もいるらしい。

そうこうしているうちに一五分が経ち、二名連続で暖簾の向こうから出てきた。いよいよ入湯である。

床、壁、浴槽のすべてが檜でできた落ち着いた雰囲気の浴室だ。湯船は四人でいっぱいになってしまう大きさ。いくつか注意書きが看板に書いてあるが、手作りのかわいらしい看板なので、貼り紙とは違う優しいメッセージとして伝わってくる。

建物のすぐ外にボイラーがあり、スイッチを「入」にすれば加温された熱湯が浴槽の壁から流れ出てくる。この熱湯と冷水との湯加減が難しく、その場に居合わせた初対面の者同士のコミュニケーションが生まれる。

お湯自体にはとくに特徴は感じられなかった。入浴客二人が入れ替わったが、その後は浴室内の人数は減る一方となり、幸運にもひとりの時間も楽しめた。一七時の夕食組が多かったのだろう。

風呂上がりの缶ビールがま

赤岳鉱泉のお風呂

だ飲みかけだが、一八時になったので食堂へ向かう。

今宵の主役にご対面

床も柱もテーブルもみんなピカピカに掃除が行き届いている、清潔感たっぷりの食堂だ。オレンジ色の傘のペンダントライトの真下に、四人用テーブルが配置されており、我々は奥のほうに案内された。ついにお肉とのご対面となるが、果たして焼き加減も聞かれるのだろうか。

山小屋のスタッフが聞きにくるのを待つこと一分、いきなりステーキが席に運ばれてきてびっくりした。一人用の鉄鍋に、茄子、ピーマンに添えられて、ステーキ肉が横たわっていた。全部、生のままだ。肉はすでに斜めにカットされていた。セルフで焼くのだ。固形燃料に着火してもらい、焼き開始である。

分厚い鉄板をちんちんに熱して、そこに肉をドスンと置いて最初のうちは強い火力で焼き目をつけ、肉汁を封じ込める。これがステーキのイメージだが、果たしてオレンジ色の炎でうまく焼けるのだろうか。

固形燃料二個同時使用の効果もあり、肉は焼けた。「おー、いいんじゃない、こういうの。下界で食べるのとはちょっと違う。だけどこれはこれでいいじゃないか」

とつぶやいていたかどうかはさておき、妻もとても喜んでいた。そしてワインも進んで大満足となった。

焼けたステーキ肉

食堂を出てテントサイトへ戻ると、色とりどりのテントが明るさを放っており、その点々とした光の景色が美しかった。テラス席には何組かのグループがくつろいでいた。我々も腰を落ち着けて、ここで今日の反省会をすることに。

年配者が自分の若かりしころの苦労話を熱く語り、「それに比べて今の若いものは」に続く話が、とうとうと聞こえてくる。背後に若者二人を含む三人の男性がいるのだ。若者の一人もアルコールの勢いで、聞き役専門から徐々に饒舌になっていく。奥にいる中年の女性の文句と愚痴が止まらなくなっている。一緒にいる男性は普段から聞きなれているのか、争い事の気配はまったくない。

こんなに人間味が感じられる雰囲気は久しぶりだ。携帯の電波は入るので、オリンピックの情報は得られるのだが、五輪に関する話題はどこからもなかった。せっかく世間から隔絶された環境にきているのだから、これでいい。

なんのアナウンスもなく二一時すぎにテラスの照明は突然落ちた。強者はヘッドランプで場を継続するようだが、我々は床に就くことにした。

下山のちグルメ

朝食は焼き鮭と温泉卵主体

の料理だった。六時前には食べ終わったが、下山口からのバスの時刻を考慮して、七時すぎまでのんびりしていた。最終日になって、ようやくしっかりと晴れてくれた。

最初の一時間は沢のせせらぎを聞きながら、橋や木道や平らな岩を下り調子で進む、歩いて楽しいコースだ。堰堤広場からは林道となり、バス停「美濃戸口《みのどぐち》」までてくてく歩いてゆく。林道のヘアピンカーブをショートカットする登山道を見つけ、先行のパーティを追い抜いて気分よくバス停に到着した。

バスに揺られること四〇分で茅野駅に到着。山旅としてはこれで終了とし、この後の半日は観光主体で茅野と原村一帯を周遊することにしていた。

駅前でレンタカーに乗り換え、ランチ検索でヒットした「勝味庵」に向かう。とんかつとイワシ料理が人気の店だ。すでに七、八人の行列ができているが、店はまだ開いていない。十一時半の定刻を少しすぎて、待ち客が一斉に店内に案内された。

注文して二〇分ほどでイワシの刺身と、とんかつ定食がやってきた。イワシの脂の乗り具合、豚の脂身もしつこくなく甘みがある。タクシードライバーにも人気の店のようで、都会で見かけるワンコインクラスの商品と比べてはいけない逸品だった。

店を出て、国道二〇号を南下し中央道原PA付近を通って原村へ入り、セロリ畑やソバ畑を車窓から楽しむ。妻は畑の観賞には興味がなく、ぐっすり寝ている。農産物直売所と農場食堂の施設を見学。まるやち湖の美しい湖面を眺めたあとは、自然文化園のお土産コーナーに立ち寄って、ご当地キャラの着ぐるみ姿に癒される。

山と温泉と肉の旅フィナーレ

一三年ぶりに八ヶ岳温泉「もみの湯」にやってきた。当時『るるぶ信州ドライブ』にドライブクイズラリーという特集があり、コマ地図に沿って二九個ものチェックポイントを車で走破したときの、ゴールがここの温泉だった。施設自体が随分と立派になったようだ。ナトリウム－硫酸塩泉の緑がかった濁り湯に癒された。

レンタカーを返却して、諏訪インターのすぐそばにある複合商業施設へタクシーで向かった。目的はここにある、「からあげセンター」だ。以前塩尻で堪能した山賊焼がここ諏訪でも味わえるということで、山賊焼と唐揚げの食べ比べを考えていたが、昼にとんかつを食していたため、両方をオーダーすることなく唐揚げだけで終わった。一時間限定の飲み放題においては、十二分に元が取れたと思う。

店を出て七、八分でバス停「諏訪インター前」に到着。やってきた高速バスで新宿へと向かった。

こうして山と温泉と肉の旅が無事に終わった。翌朝測った体重は、出かける前よりいくばくか増えていた。きっと筋肉が増えたせいだろう。

七月の特別な四連休は、スポーツの日が一〇月から引っ越してきたおかげ。多くのカレンダーにある、一〇月三週目の旗日が幻になった理屈はわかっているものの、なんか残念な気持ちでその日を見つめてしまうのは、きっと私だけではないと思う。

静岡市の秘境「梅ヶ島温泉郷」

寺田　聡

梅ヶ島温泉街

今年も相変わらず新型コロナウイルスが猛威を奮い、温泉活動はほぼ休止状態。しかも、この原稿を書いている二〇二一年八月末時点で、私はまだ一度もワクチンを接種できていない。そんなことで、今年は私の住む静岡県の各温泉地を訪ねながらコロナの影響をうかがい、同じような答えをあちこちで聞く、というような湯巡りを繰り返してきた。そのなかから今回は、東西に長い静岡県のほぼ真ん中に位置する静岡市の秘境、「梅ヶ島温泉郷」訪問時の様子を紹介しようと思う。

今回向かった梅ヶ島温泉郷は、梅ヶ島温泉、新田温泉、金山《きんざん》温泉、そしてコンヤ温泉の四つの温泉地からなる静岡の秘境だ。静岡県内には伊豆を中心に多くの温泉地が存在するが、ここは比較的知名度が低い。とはいえ、温泉郷全体が環境省の国民保養温泉地に指定されている、歴史のある湯治場だ。いわゆる観光地とは違い、もともと人であふれていないので、コロナ禍のこの時期には特にオススメできる。今回はこの温泉郷の中で最も奥に位置する、梅ヶ島温泉までドライブしてみた。現在は静岡県だが、もともとは甲斐の国に属する武田家の領地であり、一七〇〇年前から湯治場として利用されてきた〝信玄の隠し湯〟の一つだ。

梅ヶ島温泉までは新東名高速道路の新静岡ＩＣから約四

○キロ。安倍川沿いに自然豊かな山道をひたすら上っていく。梅ヶ島温泉まで行くと、標高は約九五〇メートル。途中、少し細い道もあるが、もちろん舗装されており気持ちのよい走りが楽しめる。私は温泉マニアだけでなくカーマニアでもあるので、まさに一石二鳥の温泉地だ。この温泉地をオススメする理由は、温泉がよい、自然が楽しめる、美味しくてリーズナブルの三点だ。

一．温泉がよい

梅ヶ島の湯の最大の特長は、ヌルヌルでまさに温泉らしいこと。ちなみに梅ヶ島温泉郷の各温泉地の源泉の泉質は、梅ヶ島温泉とコンヤ温泉が単純硫黄泉、新田温泉と金山温泉はナトリウム-炭酸水素塩泉となっているが、いずれもトロみのあるヌルヌルの温泉で、いわゆる美肌の湯だ。日帰り入浴できる宿が多いので、この会報の読者ならぜひ入り比べてみてほしい。

そういえば、私の友人で硫黄臭いと帰宅後に家族に嫌われる、衣類の洗濯を拒まれる、と言っていた温泉マニアがいたが、単純硫黄泉は硫化水素泉と違い、体中が硫黄臭くなってしまうようなことはないので、そんな方でも心配はいらない。

源泉は「洞窟風呂」に湧く湯を各施設に配湯している。また洞窟に隣接する「湯滝」と呼ばれる川の周辺のあちこちからも源泉が自然湧出しており、多くのパイプでこれらも集約されている。この洞窟風呂は「おゆのふるさと公園」内にあり、外観はいつでも見学することが可能。内部はイベントなどで公開されることはあるが、湯にふれることはできない。昭和四三年ごろまでは、この洞窟風呂が市営の入浴施設として利用されており、ここに直接浸かることができたとのこと。その時代に来てみたかった…。

二．自然が楽しめる

梅ヶ島温泉郷は、静岡の市街地から気軽に行けるとはいえ山の中だ。春から夏にかけては桜や新緑を、そして秋には紅葉が見られ、湯巡りにプラスαの楽しみを加えてくれ

おゆのふるさと公園には洞窟風呂、湯滝、湯之神社などがある

梅ヶ島温泉の源泉の洞窟風呂

洞窟風呂の内部。普段は扉があり見ることはできない

る。現地に着いたら、軽くトレッキングしながら木々の息吹を楽しんだり、滝を眺めながらマイナスイオンを浴びることもできる。また、梅ヶ島温泉の宿に泊まるとわかることだが、星空がとてもきれいだ。星ってこんなにたくさんあるのか、と思わせてくれる。

　日帰りでドライブと温泉を楽しむのもよいが、ここはぜひ、泊まりで大自然を堪能してもらいたい。

三．美味しくてリーズナブル

　梅ヶ島温泉郷全体にいえることだが、基本的にどの宿もリーズナブル。週末でも一人一泊二食付きで一万円前後の宿がいくつもあり、最も高価な宿でも二万円程度だ。そして料理が美味い。このあたりは駿河軍鶏（シャモ）が名物なので、ぜひ宿泊して味わってほしい。静岡県特産のお茶を配合した餌で育てられたシャモは、普通のシャモとは一味も二味も違い、オススメだ。また、梅ヶ島に向かう道の途中にある有東木地区は〝わさび栽培発祥の地〟として知られ、現在も清らかな湧き水を利用した山葵田《わさびだ》がたくさんあるため、このあたりの宿では、様々なわさび料理も楽しむことができる。また猪鍋や、鮎・ヤマメなどの川魚を提供する宿もある。

駿河軍鶏（シャモ）の串焼き

　梅ヶ島温泉には宿泊と日帰り専門を合わせて一二の施設があり、宿泊施設もほぼすべてが日帰り入浴可能。そのなかで、いくつか特徴的な施設を紹介する。

・梅薫楼《ばいくんろう》

　創業明治元年という、梅ヶ島で最も歴史のある宿。男女別の大浴場のほか、「石風呂」「穴風呂」と名付けられた二つの貸切風呂があり、いずれも日帰りでも利用できる。大浴場にあるヌル湯の源泉槽「金乃湯」が特に秀逸。日帰り五〇〇円と安価だが、ニフティ温泉のクーポンを利用すればタオル込み七〇〇円が五

梅薫楼の貸し切りの石風呂

大浴場にある源泉槽の金乃湯

源泉槽の穴風呂に入ると、公園の洞窟風呂に浸かった気分が味わえる？

○○円になり、さらにおトクに利用できる。

・湯の島館

すべて貸し切りで、「風」「林」「火」「山」と名付けられたお洒落な四つの浴室があり、湯巡りが楽しめる。梅ヶ島の宿のなかでは最もモダンな施設で、カップルや家族旅行なら、ここを選んでおけば間違いない。ご主人がミニクーパーマニアで、ミニ（最近のBMWミニではなく、旧ミニ）で行き宿泊すると、三二九八（ミニクーパー）円キャッシュバックしてもらえるプランがあるのも面白い。要事前予約だが、ここも日帰り入浴が可能。

・さつき苑

この会報の読者にオススメなのがこの宿。かなり鄙びており宿泊も安価。ぬる湯とやや熱めという絶妙な湯温設定と、なぜか湯の花が大量に舞う湯は、マニアならいつまでも浸かっていたくなること間違いなし。

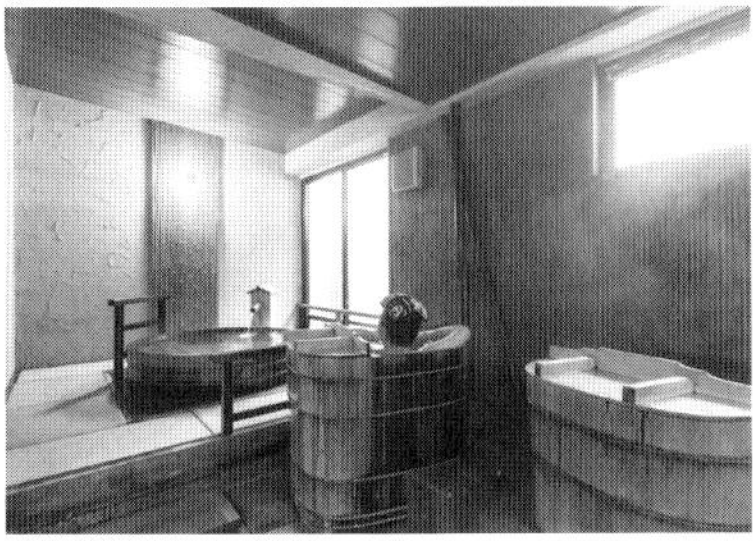
湯の島館の貸切風呂の一つ「風」

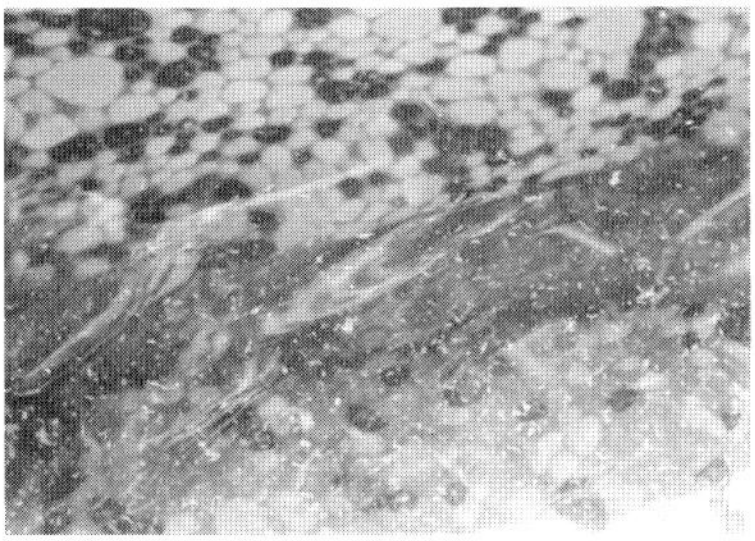
さつき苑の大量に舞う湯の花

さつき苑の２つに仕切られた浴槽

・湯の華

ここもリーズナブルな温泉宿だが、最近、敷地内にキャンプ場ができた。一組限定の貸し切りキャンプ場なので、この時期、キャンプ好きの方にはよいかも知れない。

・湯元屋／虹の湯

梅ヶ島温泉で唯一の食堂。静岡名物のおでん（しぞーかおでん）や蕎麦が美味しく、私がいつも必ず立ち寄る店だ。ここには日帰り温泉施設「虹の湯」が併設されており、食事と入浴のセットもある。ここもニフティ温泉のクーポンで割引となる。

静岡名物「しぞーかおでん」は汁が真っ黒！

湯元屋の冷しとろろそば

梅ヶ島にようこそ

訪問時、ある宿のご主人にコロナ禍の近況についてじっくり話を聞くことができた。梅ヶ島は、もともと来訪者の多くない温泉地で常連がほとんど。コロナ禍でも常連はここが密でないことを知っているので、ほかの温泉地に比べて影響は軽微。幸いにも廃業を検討している施設はないとのこと。この話を聞き、もしかすると最近では、温泉には行きたいが密は避けたい、という人々が穴場の温泉地として訪れているのかも知れないと思った。

密を避け、都会とはまったく別物の満天の星空を眺めながらヌルヌルの温泉に浸かり、そして風呂上りには、極上のシャモやわさび料理を味わいながらビールをグビっと…。

ああ！なんて幸せそうなんだろう！と思った方は、ぜひ行ってみていただきたい。

湯元屋に併設されている「虹の湯」

温泉おやじの湯巡り記録 岡山編

関 真典

令和三年もコロナ禍である。昨年同様、この原稿を執筆している九月現在、私が在住する愛知県は何回目かの緊急事態宣言が発令中だ。今年も自由に湯巡りができない一年だった。そんな自粛モードのなか、昨年の十一月に緊急事態宣言の合間を縫って、岡山県の湯巡りに出かけることができた。

　なぜ岡山県なのかというと、このエリアにある温泉には私の大好物の「ぬる湯」、「足元湧出」が多いからだ。若いころは熱い湯も好きだったが、最近はもっぱらぬる湯派。そういえば以前、達人会の会員の一人にぬる湯のよさを力説されたことがあった。その時は正直あまりピンとこなかったが、五〇歳をすぎて温泉の効能をじっくりと楽しむことができる、ぬる湯のよさが少しだけわかるようになってきた。

　というわけで、今回も相方（愛妻）と一泊二日の強行軍である。

「湯郷温泉 療養湯」

　湯郷《ゆのごう》温泉は、「岡山美作《みまさか》三湯」の一つで、一二〇〇年ほど前の平安時代に、慈覚大師《じかくだいし》円仁《えんにん》が白鷺に導かれ発見したと伝えられる歴史のある温泉地。別名、鷺《さぎ》の湯とも呼ばれているそうだ。立ち寄り湯はいくつかの宿泊施設で可能なようだが、今回の目的は温泉街の中にある共同浴場、療養湯。

　内湯のみで簡素な造りの共同浴場だが、ナトリウム・カルシウム-塩化物泉を非加温、非加水、非消毒で掛け流し利用している。湯はやや白濁のぬる湯。微硫化水素臭、黒い消しゴム状の湯の花がたくさん舞っている。湯の温度が絶妙で、浸かっていると、とろけてしまうような感覚になる。ここは人をダメにする湯である。

「湯郷西温泉 西の湯温泉」

　とろけてしまったあとなので、少しシャキッとしようということで立ち寄ったのは、湯郷温泉街から少し離れた場所にある、西の湯温泉。国道沿いにある観光客相手のドライブインに併設された、日帰り温泉施設だ。

　浴室は内湯のみ。中央に六人ほどが浸かることができる檜造りの主浴槽と、隅に一人用の源泉風呂がある。温泉分析書に表記された泉質名は、冷鉱泉、源泉温度一八・二度。主浴槽は下部吸込み有りで加温循環、掛け流し併用。湯の温度は四二度ほどに調整され

湯郷西温泉・西の湯温泉の浴室

ていた。わずかな硫化水素臭を感じる無色透明の湯には、糸状の湯の花も舞う。源泉風呂は非加温の源泉がそのまま投入されていると思われ、主浴槽との交互浴がすこぶる気持ちがよかった。

「奥津温泉 東和楼」

奥津温泉は、今回どうしても行きたかった温泉。美作三湯の一つでもある。江戸時代、津山藩主の森忠政がこの温泉を愛し、幾度となく湯治に訪れ、藩主の別荘も建てられた温泉地で、美人の湯としても有名とのこと。三軒並びの真ん中に建つ東和楼《とうわろう》は、昭和三年開業の老舗旅館。今回は此処に宿泊。一日一組だけとのことで、完全貸し切りだ。

通された部屋は二間続きの部屋。たぶん一番上等な部屋と思われるが、隅に積もった埃や扉や窓の建付けの悪さは、宿の歴史ということで許容範囲。夕食前にまずはひとっ風呂と浴室に向かう。

部屋を出て目の前の急な階段を降りていくと白壁のトンネル、さらに進むと目指す浴室がある。男女別だが女湯は以前の水害で使用不可で、男湯のみ利用可能だ。四人も浸かれば一杯な小さな岩風呂は、やや青色がかった湯で満たされている。浴槽の底は川底そのままをコンクリートで固めた感じで、大小の岩でごつごつとしていて、深さは立ち湯に近い。

湯は浴槽の底から自噴。源泉温度は四一・七度、訪れた十一月はそれより低く感じた。泉質はアルカリ性単純温泉で、白い細かな湯の花が舞う。非加温、非加水、非消毒で掛け流し。上手く表現ができないが何か包まれるような浴感、ヌルツルの極楽湯。二四時間入浴可能で、滞在中は食事と睡眠以外はほぼこの浴室で過ごした。ここも人をダメにする湯である。

「般若寺温泉」

翌朝、予約してあった般若《はんにゃ》寺《じ》温泉へ向かった。明治時代に寺の宿坊として開業した、完全予約制の貸し切り湯だ。訪ねると、ホスピタリティあふれるご主人と愛犬が出迎えてくれた。

趣のある母屋を抜けて先に進むと、コンクリート製の湯小屋がある。中に入ると剥き出しの岩盤の壁、岩を組んだ小さな浴槽となかなかワイルドな造り。泉質はアルカリ性単純温泉で三九度ほどのぬる湯。もちろん掛け流しだ。内湯のほかに小さな露天風呂もあり、奥津渓を流れる吉

奥津温泉の河原にある露天風呂

奥津温泉・東和楼

東和楼の浴室

般若寺温泉の母屋

湯原温泉・砂湯

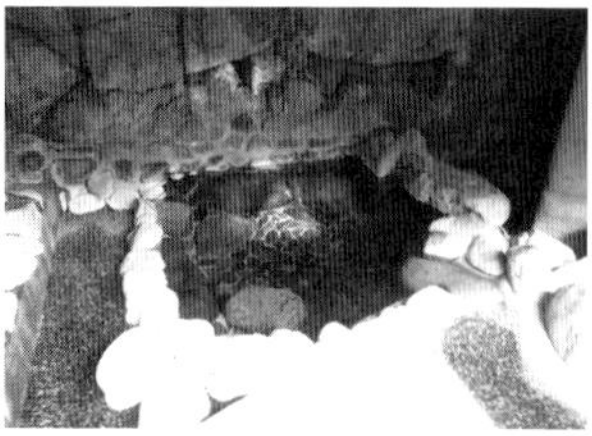

般若寺温泉の内湯

般若寺温泉の露天風呂

砂湯の広々とした開放的な露天風呂

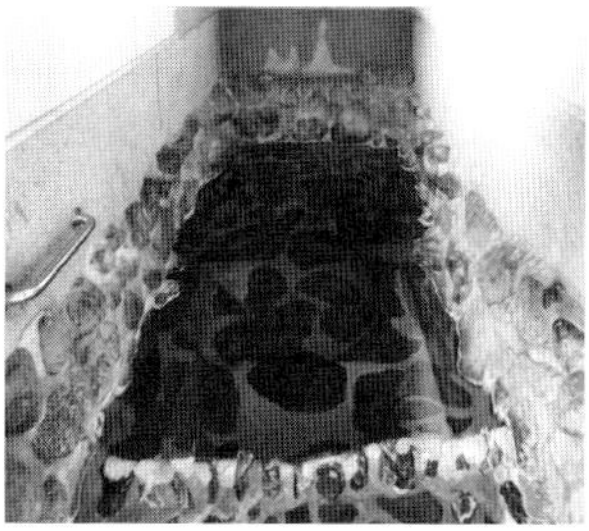

真賀温泉館の貸切湯

井川を眺めながらの湯浴みは、なかなか快適。一時間の貸し切り時間があっという間だった。

「湯原温泉 砂湯」

美作三湯の最後は湯原《ゆばら》温泉。砂湯は湯原ダムの下流にある、無料の混浴露天風呂。全国露天風呂番付西の横綱に評されているとのこと。ダイナミックなロケーションが売りで、露天風呂の底に敷かれた玉砂利の間から沸々と自噴する様を見ているだけで楽しい。三カ所に分けられた露天風呂は、美人の湯・子宝の湯・長寿の湯と名付けられ、場所によって湯の温度が異なるので、好みの温度を探して浸かるのも面白い。

平日ということもあり、私たち以外は若いカップルが一組と男性が二人ほど。開放的な露天風呂をのんびり楽しむことができた。泉質はアルカリ性単純温泉。

「郷緑温泉 郷緑館」

ここに寄る予定だったが、当日、清掃のために休みだった。無念…。

「真賀温泉 真賀温泉館」

岡山の湯巡りの締めくくりは真賀《まが》温泉。日本一狭いという混浴の幕湯で有名だが、訪問した日は満員御礼。あっさりあきらめ、空いていた貸切風呂へ。泉質はアルカリ性単純温泉で、やや青みがかった無色透明のぬる湯だ。幕湯に入泉できなかったのは残念だったが、気を使いながら入る混浴より、貸し切りで相方とゆっくりできたので逆によかったかも!?

以上で岡山の湯巡りは終了。郷緑温泉に入泉できなかったのは残念だったが、次回は此処を起点に日本海側を巡るのも有りかと密かに計画中だ。

最後に、あえて昨年と同じ言葉で結びたい。「以前のように穏やかな生活ができるように、新型コロナウイルス感染症の早期終息を心より願う」。

五三年ぶりのトムラウシ山

「温泉百名山」選定登山

飯出敏夫

トムラウシ山の登りから。花はイワブクロ

世の中が新型コロナウイルス蔓延、自粛ムードも蔓延しているなか、七月一三日に二回目のワクチン接種を済ませ、一五日に新潟港から小樽行きのフェリーに乗船した。

目的は、北海道と東北の山に登るためである。不要不急の外出や県をまたぐ移動の自粛を求められていたが、私にとっては必要至急、来年に登れる気力・体力の保証はまったくないので、行けるときに行くしかない。自粛警察の非難や良識人の批判など、甘んじて受ける覚悟の旅立ちだった。

「温泉百名山」選定登山を志したのが二〇一八年。昨秋に完結の予定だったが、九月に脚を痛め、検査したところ症名は左変形性膝関節症で、手術しないと登山への復帰は無理との診断。しかも手術とリハビリで最低四週間は必要とのこと。その年の登山を断念するとともに、

オソウシ温泉の内湯

トムラウシ温泉・東大雪荘の露天風呂

暮れまでの予定をキャンセルして四週間開けることもかなわず、年明けに手術を受けることにした。明けて二〇二一年一月、手術に踏み切り、五週間入院して二月半ばに退院。以後、五月末まで必死のリハビリを続けた。登山に復帰したのは五月二八日、栃木県塩原温泉郷の奥にそびえる秘峰、日留賀岳へのバースディ登山からである。

　せっかく一年延びたのだから、あきらめていた山にも登ってみようと思い直し、そして目標にしたのが北海道の大雪山と十勝連峰の間にそびえるトムラウシ山だった。この山は、大学三年の夏合宿に層雲峡から黒岳に登り、大雪山の中枢部から十勝連峰の富良野岳まで縦走したときに登っていたが、そのときの山頂は暴風雨とガスの中で何も見えず、何の記憶も残っていなかった。この山を登山口のトムラウシ温泉から登って、「温泉百名山」に加えたいとの思いが沸々と湧き上がっていた。いわば五三年ぶりのリベンジである。

七月二一日（水）

　一五日に北海道に渡ってから樽前山やニセコアンヌプリで足慣らしをし、道南の湯めぐりをしたあと、二一日にトムラウシ山に同行してくれる鹿野義治、柴田克哉両会員と新千歳空港で合流した。両君は大のサッカーファンで、二五日に東京オリンピックのサッカー観戦チケットを苦労して入手していたが、無観客試合となったため、急遽、四連休に有給休暇を二日プラスして参戦してくれることになった。

　千歳東ICから道東自動車道経由で、登山口のトムラウシ温泉に向かったが、途中、オソウシ温泉とトムラウシ温泉に入浴することも目的の一つだった。オソウシ温泉の露天ではアブ（オロロ）の大群に襲われ、トムラウシ温泉の露天でもアブに襲われたが、なんとか入浴をクリア。夕刻にトムラウシ山短縮登山口に入って仮眠した。

　夜中になって、さらに一台の車が駆けつけてくれた。昨年、知床の岩尾別温泉「ホテル地の涯」の混浴露天で知り合った札幌在住の荒谷大悟、中村沙織のカップルだ。北海道の山に精通する熟練

いざ、トムラウシ山へ。幕営となると荷物も多い

コマドリ沢出合上の雪渓を登る

高山植物が花盛りのトムラウシ公園を行く

南沼キャンプ指定地間近の登り

南沼キャンプ指定地とトムラウシ山

で、岩尾別で会ったときも羅臼岳に登って早々に下山し、一汗流しているところだった。

その後、帰京してから荒谷さんと交信を続けているうちに、トムラウシ山に一緒に登ってくれることになっていた。誠に心強い助っ人で、食材も用意し、調理もすべて二人で担当してくれるという。

実は、多くの登山者はトムラウシ山を日帰りで踏破するが、私はまだ退院後の日も浅くて自信がなかったので、山頂直下の南沼キャンプ指定地で一泊するプランを希望した。今回のトムラウシ山は不退転の決意のもと、登った日と翌日、どちらかで好天になることを期待して、二回登頂できる機会を設けたというわけである。

七月二二日（木・祝日）

短絡登山口を六時二〇分出発。夜中のうちに駐車場は満車状態になっていたが、ほとんどのパーティがすでに出発していた。

トムラウシ山へのコースタイムは登り六時間、下り四時間三〇分。日帰り登山をするためには暗いうちに出発するのが常道だが、我々の今日の行程は山頂直下の南沼キャンプ指定地まで。今日か明日の好天のほうに登頂するプランなので、精神的にはだいぶ楽だ。

登山口からカムイ天井までの約一時間三〇分は樹林帯の中の登坂で、その先から徐々に視界が開け、東大雪の大樹海が望めるようになる。尾根から急降下して沢沿いを進んだコマドリ沢出合に一〇時三〇分着。ここまでのコースタイムは約三時間だが、私の遅いペースに合わせて四時間一〇分(うち休憩三〇分)かかった。

コマドリ沢は貴重な水場であり、ここからは雪渓を含む登りになるので、昼食とする。約一時間も費やし、冷気が心地よい雪渓の登りにかかる。雪渓の上から岩石帯になるが、ここにはナキウサギが生息していて、時折鳴き声がする。急坂を登り切り、稜線の前トム平に一三時一五分着。視界は一気に開け、快適な尾根歩きの始まりだ。

　ここからトムラウシ山までのコースタイムは約二時間。私にはいいペースだが、ここから先の登山道脇には高山植物が咲き競い、いちいちカメラを向けるものだから時間を食う。なかでもトムラウシ公園と名付けられた一帯は、まさに花の公園だ。チングルマ、エゾコザクラ、エゾノツガザクラ、コマクサなどが次々と可憐な花を咲かせていて飽きさせない。必然的に歩みも遅くなり、南沼キャンプ指定地に着いたのが一六時一五分。先着組に好適なテントサイトは占領されており、ようやく隙間を見つけて幕営。天候は快晴なので、今日のうち登頂することにする。幕営地から山頂までは元気なら三〇分ほどだが、イワブクロの花に目を奪われつつ五〇分もかけて一七時五〇分に登頂した。

　トムラウシ山は標高二一四一メートル、本州ならゆうに三〇〇〇メートル級の山に匹敵するスケールだ。夕映えの山頂からは大雪山の雄大な主稜を望むことができた。五三年ぶりの登頂だけに、まさに

53 年ぶりのトムラウシ山。夕刻、トムラウシ山の山頂で記念撮影

感慨無量だった。

テント場に戻ったのが一八時四五分。それでもまだ暗くはならないのが夏山の利点だ。夕食は荒谷さんと中村さんの得意料理、チーズフォンデュ。何もかも用意してくれるのを私はただ待ち、ひたすら味わうだけ。なんという贅沢、なんという至福であろう。

七月二三日（金・祝日）

今日は下山するだけなので、ゆっくりとテントを撤収し、七時一〇分に出発。いつものことながら、こんなに歩いてきたのかと感嘆しながら、また初日にも増して花や景色の撮影に時間を費やしながら下山する。途中、コマドリ沢出合でゆっくりとランチタイムをとり、登山口に帰着したのは一四時二〇分だった。コースタイム四時間三〇分のところを七時間一〇分もかかったのは、半分近くも休憩などに費やしたのと、私の遅いペースに合わせてくれたからである。また、ある意味、それほど立ち去りがたい山であったことを物語っている。

さて、これで北海道山行が終了したわけではない。トムラウシ山だけでは、四連休に有給休暇を追加して北海道まではるばる来てくれた鹿野、柴田両君にも、我々の山行計画に最後まで付き合ってくれるという札幌在住のお二人にも、申しわけが立たない。

ということで、トムラウシ山は前編、後編は吹上温泉からオプタテシケ山に登るという計画だった。トムラウシ温泉から吹上温泉までの移動には三時間はみておく必要があり、下山してトムラウシ温泉に入浴する余裕はなく、清水町のスーパーで買い出し後、吹上温泉に直行。なんとか吹上温泉白銀荘の入浴時間に間に合った。この日は吹上温泉のキャンプ場で幕営。

七月二四日（土）

吹上温泉からは十勝岳と美瑛岳経由で美瑛富士避難小屋を目指す計画だった。しかし、十勝岳の登りで私の疲労度が濃く、このペースでは美瑛富士避難小屋まで行くのは困難と早々に判断。この日は十勝岳を越えた先、十勝連峰の稜線上に建つ上ホロ避難小屋泊に変更した。

七月二五日（日）

夜中に外に出てみると、天気予報に反して満天の星。予報どおりの悪天候の場合、このまま上ホロカメットク山経由で十勝岳温泉に下山するつもりだったが、急遽十勝岳を登り返して美瑛岳経由で下山するコースに決めた。上ホロ避難小屋を二時三五分に出発、十勝岳山頂でご来光を迎えるための早立ちである。

その目論見どおり、十勝岳では素晴らしいご来光を迎えることができた。快調なペースで美瑛岳に登ったが、そこからの急な下山路、そして藪漕ぎまがいの下山路にすっかり体力を奪われ、それに連日登山の疲労が加わって、相当にバテた。

夕刻、やっとの思いで吹上温泉キャンプ場にたどり着き、この日の夜は懇意にしている十勝岳温泉「湯元凌雲閣」に投宿。打ち上げの小宴を張ることにしていた。宿に着いたら、なんと長尾祐美会員が迎えてくれたのには超びっくり！　この日、ここで打ち上げをすることを知り、だいぶ前から予約してサプライズを計画していたのだとか。鹿野・柴田両君はもちろん承知していて、知らぬは私だけというわけだ。彼女は四連休を利用して旭川空港でレンタカーを借り、単身湯めぐりをしながら、この日に合わせて来訪したという。相変わらず驚くべき行動力である。というわけで、楽しい時間が夜更けまで続いたことは言うまでもない。

七月二六日（月）以降

翌朝、札幌のお二人とは湯元凌雲閣の玄関前で別れた。我々四人は吹上露天の湯→望岳台→湯元白金温泉ホテル→青い池をめぐって、観光気分を満喫。ここで旭川空港に向かう長尾会員と別れ、三人は一路新千歳空港へ。あわただしく空港に駆け込む二人を見送り、私はニセコ温泉部（ニセコの温泉を愛する大人の部活動）部長のトム邸へ。羊蹄山を望む庭で、待ち構えていてくれたトムさん、副部長ルカオさんと焼肉パーティを堪能する。翌日、尻込みするトムさんと意欲満々のルカオさんと三人で、ニセコ連峰のイワオヌプリに登頂し、この日もトム邸に連泊。

その後、函館からフェリーで青森に渡り、七月三〇百沢温泉（岩木山神社）から岩木山、八月二日に夏油温泉から駒ヶ岳、八月三日に焼石岳、八月五日に高湯温泉から五色沼経由一切経山に登り、八月六日に帰京。三週間に及ぶ北海道〜東北の長旅を終了した。

十勝岳山頂でご来光を拝す

十勝岳から美瑛岳へ。背後は十勝岳

美瑛岳に登頂

望岳台にて。背後は前日登った十勝岳（右）と美瑛岳（左）

ニセコ・イワオヌプリ山頂にて、トムさんとルカオさん。背後はニセコアンヌプリ

吹上温泉露天の湯

生まれかわりの旅（丑年御縁年に山形へ）

鈴木哲也

蔵王温泉・大露天風呂入り口

ご神体に上がる

湯が滴る茶褐色の岩を素足で上り始めたとき、なんとも言い知れぬ感触が、全身に迸《ほとばし》った。

一二年前（二〇〇九年）の夏、このような感覚を、私は生まれて初めて体験した…。

ここは、山形県鶴岡市に位置する「湯《ゆ》殿山《どのさん》神社本宮」。湯殿山は、羽黒山《はぐろさん》と月《がっ》山《さん》と合わせて〝出《で》羽三山《わさんざん》〟と称される。また、羽黒山が「現世」、月山が「前世」、湯殿山が「来世」を表すとされ、この三社を詣でることは「生まれかわりの旅」として、二〇一六年には日本遺産に認定された。

前会報（第一四号）の結びで、来年は山形へ行くことを予告した。それは、一二年前に四泊五日で山形県内をじっくりと観光し、出羽三山も三社すべてお参りしたことに端を発する。

偶然ではあったが、当時訪れた干支は「丑年」。出羽三山において丑年は「丑年御縁年」という特別な年とされ、御神徳が最も高まり、この年にお参りすると一二回お参りしたことと同じご利益があると伝えられていることを知った。

　以降一二年間、そのご利益を実感できたことへのお礼参りのために再訪したかったことが、今年は山形へ行きたい理由であり、目的であった。

コロナ禍であっても…

　今夏、旅行の計画を立てるにあたり苦労したのは、二年連続の「コロナ禍」であった。

　何度も繰り返し出される「緊急事態宣言」に翻弄され、もはや緊急ではなく、この宣言下での生活が〝日常〟と化してしまった感が否めなかったが、六月中旬に三回目の宣言が解除されたタイミングを機に、山形へ行く機会を見計らった。

　だが、間もなく七月に四回目の宣言が発出。期間は八月二二日までとされたので、その解除予定後の九月四日（土）〜五日（日）に実施と決めた。そして、もし再び期間の延長があったとしても、仕事の都合上、これが実施可能な最後の日程とわかっていたので、どのような状況であっても、決行しようという思いを抱いた。

山形へ出発

　九月四日、空路で山形入り。羽田〇七：一〇発、山形〇八：一〇着と、搭乗時間は短いが、一時間で着けるのは一泊二日の行程を有意義に使えてありがたい。しかしながら、予定はほとんど決めていなかった。それは、二日間のうち、湯殿山参詣がなるべく天気のよい日に行けるように、柔軟に行動するためであった。

　雲の上は青空だった飛行機の旅も、降下した下界は雨…。それは前日の天気予報でも察しがついていたので、この日の湯殿山行きは中止とし、急遽、JR東日本が運行する人気列車「とれいゆつばさ」に乗ることにした。

　福島駅一〇：〇〇発の列車に最大限に長く乗車でき、かつ、今晩の宿泊地である蔵王温泉へのアクセスもよい乗車駅を割り出し、かみのやま温泉駅から乗ることにした。

快適な「とれいゆ」の足湯

　かみのやま駅一一：〇八発、とれいゆつばさ1号に乗車。指定された座席は一三号車であったが、まずは肝心の「足湯」に入れなければ乗車の醍醐味が半減してしまうので、足湯当日券を確保するため、販売所のある一五号車の乗車口から乗り込んだ。

　カウンターで予約状況を見ると、一一：一五〜一一：三〇枠のみ空いていて、ほかは「売切」の赤い文字。

　すぐに親子三人分の足湯券を購入すると、この枠も売り切れとなり、ギリギリセーフであったことに胸をなでおろした。

　購入後まもなく、足湯が設置された一六号車へ案内された。列車内とは思えない、旅館の中を歩いて湯処へ向かうような通路を歩くと、胸の高鳴りが抑えきれない心持ちとなった。

　いざ、湯処空間に足を踏み入れると、待ち合いとなるスペースに瀟洒《しょうしゃ》な洗練されたデザインのソファが設置されており、ここで靴や靴下を脱いだり、身支度をす

足湯へのアプローチ

足湯

車内での足湯体験は新鮮だった

る場所との案内を受けた。

感嘆したのは、この並べられたソファが「天童木工」製であったこと。天童木工は高級木製家具を世に送り出す、著名な家具メーカー。古くから社外の家具デザイナーを多く起用し、実用性と芸術性を兼ね合わせた商品に惚れ込む愛用家が多く、かくいう私もその一人である。

初めて天童木工の家具と出合ったのは、仕事で某大学付属高校のロビーに置いてあったごっつい椅子であった。今まで見たこともない、重厚感と存在感と座り心地…。まさに一目惚れであった。小さく張られた銘鈑に「天童木工」とあり、自宅で調べたところ、その椅子は「柏戸椅子」といわれるもので、一脚七〇万円以上するものであった。

それ以来、私は天童木工に惚れ込んでしまったわけだが、スツール一脚だけでも五万円程度するので、我が家にあるのは、東京のショールームで年二回開催されるアウトレットフェアで購入した中古の三人掛けソファのみだが、その風合いや座り心地は日々の心を充足させ、購入後八年経った今も座面ウレタンのヘタレもなく、快適なくつろぎを与えてもらえたように思う。

いつもながら、話がすぐに脱線してしまうが、「とれいゆつばさ」の足湯をいざ体験すると、まず、予想以上に熱い湯であったことを特記しておきたい。

また、足を湯に浸しながら、流れる車窓を愛でるというのも新鮮な感覚を抱き、心地よい時間の流れを体感することができた。

最初、一五分という時間枠は短いようにも感じたが、一〇分ほどでおでこに薄っすらと発汗し、湯上りとした。

身支度を整え、隣の一五号車に移ると、フリーのラウンジスペースがあり、カウンターで販売しているアルコール飲料をつい飲みたくなったが、車の運転があるので素通りし、指定された座席へ行くことにした。

座席は一三号車。切符を買う際、「お座敷なら空いてます」と言われ、どのような席か楽しみであったが、向かい合わ

お座敷車両にて

終点の新庄駅に到着

せのボックス席で座面が畳になって座布団が敷いてある誂《あつら》えを「お座敷」と呼称していることが判明。

しかしながら、座り心地もよいし、固定テーブルも大きく、ゆったりとくつろげる車両であった。今度はぜひ、始発の福島から板谷峠越えの車窓を楽しみつつ、全区間を乗車してみようと思ったころ、終点の新庄駅に到着した。

二〇数年ぶりの夏の蔵王訪問

新庄からの復路は、通常のE3系「つばさ」で、かみのやま温泉へ戻った。下車後はレンタカーに乗り一路、蔵王温泉を目指す。

思えば、夏の蔵王は二〇歳代半ばに来たきりだ。蔵王といえば、冬の樹氷やスキーのイメージが強いが、グリーン・シーズンとなる夏の目玉をつくろうと、一九八七年に登場した「大露天風呂」に入るのも、今回の旅の楽しみの一つであった。

そんな思いを馳せながら、かみのやま温泉から三〇分ほどで蔵王には一五時すぎに到着した。

五感の湯つるや

今回、蔵王での宿選定は、楽しみながらもなかなか苦労した。それは、まず宿の数の多さ。宿泊サイトを眺めていても、どれも泊まってみたい特徴や特色が目白押しで、あとは予算との相談となった。

まずは、蔵王宿泊の大きな目的に「大露天風呂」があったので、そこへの送迎有無は選定基準の一つとなった。大露天風呂は温泉街から離れており、結構な距離をしかも上り坂を歩かないといけないので、外せないポイントであった。

あと、源泉の貸し切り風呂の有無と料理内容を重視。その結果、泊まってみようと選択したのは「五感の湯つるや」であった。宿の詳細は後述するとして、まずは大露天風呂への送迎が一六時に出るそうなので、三人分の乗車を申し込んだ。

蔵王温泉大露天風呂

蔵王の観光ポスターでよく見かける、蔵王温泉大露天風呂。いつか行きたいと思っていただけに、期待は高まるばかり。送迎車だから気にならないが、歩きであったら結構急な坂道を上がらなくてはならないことがわかった。

広い駐車場に着くと、露天風呂への入り口となる門があり、くぐると葦簀《よしず》で覆われた降りる階段が続き、下へ向かって降りていった。宿の下駄で来たのと浴衣の裾が長かったので、一歩一歩、慎重に下ってゆくが、このアプローチがなんとも言えぬ風情があってよかった。

　下りきると、今度は葦簀を立てて目隠しとした階段を上がり、入湯料を払う番台風の受付が見えてきた。脱衣所で湯浴みへの整えを終えて、いざ大自然の中へと吸い込まれるように数段の階段を下ると、大きな露天風呂が目に飛び込んできた。

　周囲の深緑、白濁の湯と傍らを流れる渓流…。それらを愛でながら深呼吸をすると、日ごろ体内に沈殿していた毒素が吐き出されるような、清々しい心持ちになった。浴槽は二つあり、まず道なりに上段の湯に足を浸すと、やや熱い感触を覚えた。

　今年は九月に入った途端、連日三五度超えの猛暑から一転、雨が続き、気温も一〇月ごろのように下がり、温泉の恋しさが募っていただけに、その湯の熱さは心地よいものでさえあった。

　実際、この時の蔵王の気温は一五度ほどであったから、まさに絶好の「湯ケーション」（造語）であった。息子も以前、硫黄泉に入ったことはあるが記憶に残っていないようで、湯の色や匂いがとても新鮮だったようだ。

硫黄泉はまだまだ新鮮

　次に下段の湯へ行ってみる。上段の湯がそのまま落ちてきており、そのため湯温はぬるく、いつまでも入っていられるもので、私好みであった。
　蔵王温泉大露天風呂はやっと初めて来ることができたが、想像以上に素晴らしいと思えた。写真では味わえない、深々とした木々のなかの美味しい空気と、渓流の音や湯が落ちる音、何よりこの香しき匂い…。それらのどれもが、実際に訪れないと感じられないこの温泉の醍醐味であった。
　迎えのバスの時間があったので、名残惜しく湯浴みを終えたが、妻も大変気に入ったようで、「また来たい！」とのこと。温泉&旅行好きの私にとっては、ふたつ返事で「はい、はい！」と上機嫌で再訪を約束した。

宿の風呂と夕食と貸切風呂と…

　部屋に戻り、まずは冷やしておいたビールで妻と乾杯！　この一杯が、まことに至福なひと時だ。喉を潤し広縁の椅子に腰かけて窓を開けると、蔵王の涼しい風が頬をなでた。

　冬は一面の銀世界に覆われることを想像しながら、雪見風呂もオツだな…などと目を細めたが、冬は先ほどの大露天風呂には入れないのが惜しい。

　夕食の時間は一八時二〇分。まだ一時間ほどあるので、息子と宿の風呂に入ることにした。ほかのお客さんがいなかったので、大浴場と露天風呂は貸切状態。大浴場は木の浴槽で露天風呂は石造りであった。

　洗い場に仰向けになり、息子に湯舟から掬《すく》った湯をかけてもらい続けると、言い知れぬ解放感に浸ることができた。

　そして、この宿の温泉の鮮度が素晴らしいことも直感できたが、それは大浴場

つるやの大浴場

つるやの露天風呂

に掲げられた「五感の湯つるや」の説明を読み納得した次第であった。ぜひ、永く記憶に残しておきたく、ここにもその全文を転載しておきたい。

（以下、転載文）

・目には湯の花乳白色（酸化物）
・淡々と流れる湯の音色（自湧）
・浴場いっぱいの硫黄の匂い（硫黄泉）
・口にいれれば酸の味（酸性）
・お肌にピリッと刺激有り（酸性）

これぞまさしく五感の湯
当館源泉300m離れた高湯通り
上湯共同浴場裏手に有り
五四度の温泉が毎分180ℓ自湧しております。
加水・加温・循環濾過・殺菌は（強酸性のためレジオネラの心配なし）しない源泉より浴場まで自然落差で給湯しています。
動力を一切使用していないので温泉の老化現象が遅く、新鮮です。
ただ温度の調整は湯量の加減でやっていますので気温の変化などにより多少異なってきます。
その時は係に申しつけて下さい。

　以上であるが、さらりと書き綴ってあるが、それを日々管理し湯を守ってゆく手間は、想像を超えたご苦労があるに違いない…と、このような温泉に入れることに感謝の念を抱いた。

　つるやのような温泉宿ばかりであれば、一般の日本人の温泉観はだいぶマシだったであろうと思う。

「マシ」という表現はあまり上品ではないが、多くの人は、「かけ流し」や「天然温泉」という看板や耳に響く言葉の妄想に、大きな期待と過大な費用を払っているのかもしれないと思ってしまう。

　あるいは、実態はそうでもないのに、その謳い文句に過度の「有り難み」を抱きすぎているのではないだろうか…。

　もしくは、日常生活からの開放や癒しだけが目的であり、それで充分満たされるのであれば、世界に誇る温泉大国の国民も、〝湯の質〟などは二の次以下の関心事、もしくは無関心なのかもしれない。

くつろぎのひと時を満喫

　蔵王温泉露天風呂と、つるやの風呂をハシゴして、お腹はすっかり空腹になっていた。四階の食事処の個室でいただくことになっており、いざ行ってみると、食卓に並んでいる牛肉の量に圧倒された。牛肉料理は、事前に「ステーキ」「すき焼き」「しゃぶしゃぶ」から一人ずつ選べたが、私ども家族は皆、すき焼きが好物なので全員同じものにした。

どれを選んでも一人二〇〇グラム相当の牛肉をいただけるようだが、実際に目にしてみると、結構な量であった。なお、この牛肉は「蔵王牛」であると、食事のお世話をしていただいた方が教えてくださった。

「山形牛」「米沢牛」はよく耳にしたが、蔵王という冠がつくのは初耳であった。いざ口にしてみると大変美味な食感であり、すき焼きによく合う肉だと思え、つい、いつも以上に食べすぎたようだ。

食後、大浴場でもう一度湯に浸かろうと思っていたが、今日は早朝から動き回っており、部屋に戻って敷いてあった布団にゴロンとしたら、そのまま寝てしまった。

翌朝は五時すぎに自然と目が覚め、息子もほぼ同時に起きた。小学校に入ったころから、旅先では早起きして朝風呂に入るのを楽しみにしており、さっそく二人で大浴場へ行くことにした。今回も風呂場には誰もおらず、貸切状態であった。

掛け湯をして、まず露天風呂へと向かった。こぢんまりしたサイズだが、朝の山の冷涼感と、ほどよい湯の温かみが体に沁み入るのを感じた。

六時ごろに部屋に戻り、広縁の窓を開けて涼む。七時からは、宿泊特典の貸切風呂利用を申し込んであった。

蔵王牛のすき焼き

つるやの貸切風呂・北斗の湯

つるやには、四つの貸切風呂がある。それぞれに特徴があり選択に悩んだが、唯一「寝湯」のある「北斗の湯」を選んでみた。時間がきて貸切風呂のある四階に行き、予約した部屋の扉を開けると、広めの脱衣所とその奥に石造りの湯舟があって、親子三人で入るには申し分ないスペースだった。

寝湯の部分は段差があり、大人が寝そべるにはお誂えの傾斜具合と枕部分の当り具合であったが、息子が寝ると体が浮き気味になってしまい、滑稽な様子であった。

しかしながら、貸切風呂が四つあるというのは、一泊ではすべてを体験し難いので、再訪してどれも体験してみたくなってしまった。

「五感の湯つるや」は、温泉の素晴らしさは格別であったが、ほかにもスタッフ皆さんの対応も清々しい思いを抱いた。やはり、ひと晩過ごすだけの空間であるがゆえ、どれほどにハード面がよくても、人と人との間に存在するソフト面が伴わなければ、泊まった側の印象がガラッと変わってしまうのは、幾度も経験済みのことだ。

つるやの皆さんの何気ないひと言、ふた言。そして、最後の見送りまでの誠意…。そのような面からも、繰り返しとなってしまうが、ぜひ再訪したい宿であった。

貸切風呂の寝湯

五感の湯つるや

この場を借りてお礼を申し伝えたい。

生まれかわりの湯殿山へ

そんな宿泊後の清々しい思いを胸に、蔵王を下り、一路「湯殿山」を目指した。道はわかっていたが、参考までにナビをセットすると、一時間半ほどの行程と算出され目安になった。

天気は曇り。昨日は時折降った雨も、今日は降雨の心配はなさそうだが、スッキリした空ではなかった。だが、雨でないだけでも参拝するにはラッキーと思いつつ車を走らせた。

山深く、長い「月山第一トンネル」を抜けると、真っ青な空が出迎えてくれた。この辺りは、地図上では古来、「六十里越街道」と呼ばれ、日本海側の庄内地方と内陸の現山形市を結ぶ険しい古道が存在する難所であるが、今は立派な国道が通り、幾つものトンネルで難なく往来が可能な場所となっている。どうやら、この険しい山々が、日本海側と内陸の天気をも分かつポイントでもあったようだ。

とにかく、昨日とつい数分前までの天気から、カラッとした晴天に恵まれ、親子三人とも目の前の明るさに最初は信じられず唖然としてしまったが、すぐに有難みを感じつつ、はしゃいでしまった。

湯殿山大鳥居

有料道路を通り、一般車が入れる駐車場へたどり着くと、巨大な朱塗りの鳥居が目に入った。出羽三山「総奥の院」への入り口である。ここから神社へ向かうため、「参拝バス」に乗り換えた。

湯殿山神社に社殿は存在しない。その〝ご神体〟はお湯が湧き出でる不思議な巨岩であり、昔の人々はその岩に命を産む女性の神秘と重ね合わせ、「五穀豊穣」や「子孫繁栄」を託し、祈り続けてきたという。一二年前、私ども夫婦も、なかなか子宝に恵まれず、そのような由来にすがる思いで「子授け祈願」に訪れ、手を合わせたのであった。

　また、当時は転職の節目にもあたり、それを契機に仕事もプライベートも順調に運ぶようになり、結果、子どもも授かったと思っており、今年は参拝時の「丑年御縁年」にあやかり、お礼参りに必ず来たいと思っていたのであった。

　一人二〇〇円を払い、参拝バスに乗車。坂道を上がり続ける五分ほどの所要だが、車内では湯殿山の案内が流れていた。

　古来、「語るなかれ、聞くなかれ」と厳しく戒められ、神秘なヴェールに包まれた霊場…。実際、今でもバス降車後の本宮へ向かう参道の鳥居を潜ってからは、御由緒により「撮影禁止」となっている。

　参道を五分ほど歩くと、独特な雰囲気の「本宮」である敷地が見えた。本宮といっても本殿や社殿などは一切ないのが、大きな特徴でもある。それは、人が手を加えることを禁じてきたためだそうだ。

　参拝方法も独特な下記の作法があり、それに従い守らなければお参りは許されない。

①裸足になる
②お祓いを受ける
③人形の紙に息をかけ川に流す
④御神体前で二礼二拍手一礼
⑤参拝後、足湯に浸かる

　以上の作法であるが、裸足になるのは、大神様と一体になって感得するためとのことであり、人の形をした白紙で全身をなでたあと、最後に三回息を吹きかけ川に流すのは穢《けが》れを祓《はら》うため。

　このような一連の作法や所作を通じ、俗世とは切り離された〝神域〟であることを実感させられる。

　頭を下げお祓いを受け、御神体のある所までは、白い衝立の続く道を歩き、まだ直接はご神体を見ることはできない。

　やがて、御神体参拝の場所に着くと、赤茶けた巨岩が目に入る。これがご神体である。

　二礼二拍手一礼を行い、次に湯が迸《ほとばし》る御神体そのものに上がってゆく。手すりは付いているが、一歩一歩、ゆっくり上がらないと結構な傾斜があり、滑りやすいので細心の注意が必要だ。

　岩を流れ落ちる湯は、〝熱い〟という感触があり、同時に何かとても厳かな感覚に身を包まれた。昔の人も、御神体に〝上がる〟という、この特別な感覚を心から崇め、「語るなかれ、聞くなかれ」を守り、自身の内に秘めた願いや祈り、感謝の念を捧げてきたのだと想像した。

　御神体を上がり終え、なだらかな道をそのまま進むと、山なみが遠くまで続く光景を目にする展望台のような場所へ着いた。不思議にも、自然に手を合わせたくなるような感覚に身を包まれ、遥拝《ようはい》の心持ちとなった。

　そして、ここが「生まれ変わりの地」であるという言い伝えが、素直に受け入れられる想いを抱く…。

　大袈裟ではなく、今までと違った自分に生まれ変わったような…そんな感慨に耽ることができたのであった。

　そして、三度目となる一二年後の丑年

御縁年（二〇二三年）に、感謝の念を抱き無事に参拝できることを願った。その時は、私も六五歳。今の勤め先も定年となる歳であり、まだまだ遠い先のように思われるが、意外にもその訪れは早いのかもしれない…。

かつて、行人《ぎょうにん》が、長く想像を絶する苦行となる修行を続け、自らの穢れを祓い、他人の苦しみを代わって受けようとした湯殿山修験道の歴史を知り、最終的には即身仏となって永く世の人々を救おうとした尊さに圧倒されてしまう…。

一方、自分自身はといえば、私利私欲や物欲にまみれ、そのカケラの一片も見出すことができない…

せめて、ささやかでも自分ができる何かの、誰かの役に立てるような意識をもって、日々の生活をすごしてゆきたい…。

そんな心持ちを新たにした旅であった。

〈追記〉

私にとって、人生の大きな節目の意味合いをもった「丑年御縁年」であるが、今夏、記念すべき大きな出来事があったのでお知らせいたします。

温泉と並ぶ趣味として長年愛好している鉄道、とくに「時刻表」について、四十数年間愛読&収集してきた全時刻表を閲覧可能な、日本初の「時刻表ミュージアム」を開館いたしました。

温泉とともに、今後も末永く楽しんでゆきたいと思います。

・温泉データ（五感の湯つるや）
場所：山形県山形市蔵王温泉
泉質：酸性・含硫黄 - アルミニウム - 硫酸塩・塩化物泉

自身のウェブサイト「哲×鉄」を、管理人「車掌長」と名乗り運営。所有のJTB時刻表770冊を掲載し、ブログ「車掌長の乗務日誌」も運行中。ぜひご乗車（ご覧）のほど、お願いいたします。
http://www.tetsu-tetsu.net

時刻表プライベート・ミュージアム

展望ボックスシート

時刻表コレクション

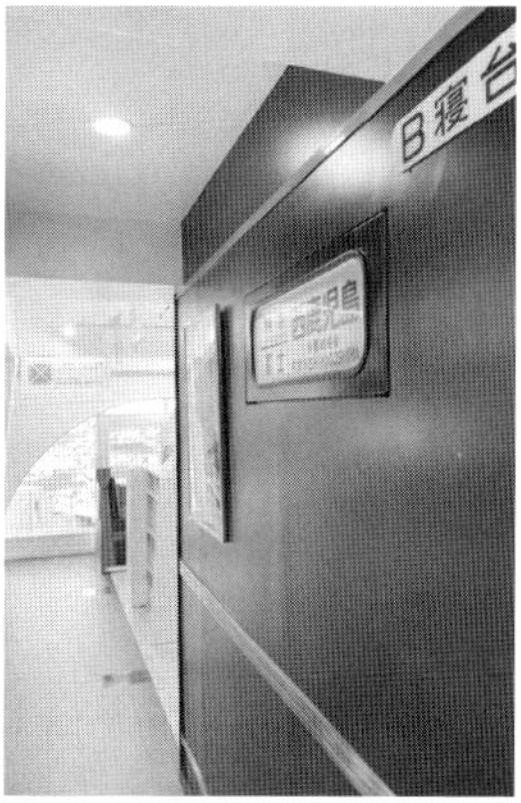
館内アプローチ

時刻表神社

ジオラマ

※ 2021 年夏、日本初の「時刻表プライベート・ミュージアム」を開館。所有する全時刻表を展示し、貴重な史料や鉄道グッズ、N ゲージ・レイアウトとともに、レトロ浪漫あふれる空間での“時間旅行”を日々楽しんでいる。一般公開は検討中。

東北地方と新潟の山と温泉Ⅱ

永野光崇

大沢温泉・湯治屋の露天風呂

令和三年の夏旅は、新潟県と岩手県から宮城県の山と温泉を目指した。

今回の旅の起点は神戸の自宅。伊丹空港から新潟空港まで移動し、レンタカーを借りた。まずは新潟空港近くにある、らーめん滋魂《じこん》で燕三条系ラーメンを食べて、胃袋を満たしてから関越道を南に走り、最初の目的地である六日町温泉を目指した。

六日町温泉 ホテル ダ・フェールイン六日町／越前屋旅館

ナトリウム－塩化物泉

六日町温泉では、ホテル ダ・フェール イン 六日町に宿泊。清潔なビジネスホテル風の宿であるが、温泉は掛け流しの大浴場がある。また、

新発田温泉・あやめの湯

六日町温泉・越前屋旅館の浴槽

露天風呂には一人用の壺湯もあり、魚野川を見渡しながらの入浴は快適そのものであった。この場所で温泉入浴施設数が千五百カ所となったこともあり、ひとり浪花屋の柿の種をつまみに、エチゴビールを飲みながら温泉の余韻にひたった。

　翌日は、ホテルで朝食を食べて、山頂付近に険しい岩場が続く八海山に登頂した。下山後は、六日町温泉の駅から徒歩圏内になる越前屋旅館を訪問した。よい鄙び具合の宿である。浴槽はほどよい大きさで、わずかに塩分を感じる新鮮で透明な湯が掛け流しになっていて、登山の疲れが癒された。

　その後は、新潟まで車で移動し、翌日は早朝から小雨がまるで湿式サウナに感じるなか、汗をかきつつ二王子岳《にのうじ》に登頂した。

新発田《しばた》温泉　あやめの湯

ナトリウム－塩化物・硫酸塩泉

　二王子岳下山後には、登山口から新発田市内に向かう道路の近くで温泉を探し、新発田温泉を訪問した。何の前情報もなく訪問したが、少し金気臭のする黄金色の湯が掛け流しとなっており、計らずとも巡り合えた名湯に思わず顔がほころぶ。

　登山の汗を流したあとは、付近にある人気店である麺家太威《だい》で麻婆麺を食べてから、近くの有名な温泉地である月岡温泉を目指した。

月岡温泉　湯宿あかまつ

含硫黄－ナトリウム－塩化物・硫酸塩泉

　月岡温泉の中心街にある現代風湯治宿。温泉は源泉投入型の循環風呂で、薄い緑色の単純硫黄泉が注がれていた。硫化水素臭たっぷりで、なんとも幸せな気持ちになれた。なお、宿のご主人によると、月岡温泉は温泉の湧出量に対して宿が多く、掛け流しで営業していた昔からの旅館も閉鎖されたため、現在は掛け流しの所はないとのことであり、名湯だけに残念である。

　その後、新潟港より佐渡島へ渡り、最初の宿を目指した。

椎崎温泉　朱鷺《とき》伝説と露天風呂の宿　きらく

ナトリウム－塩化物泉

　加茂湖を臨む高台にある温泉旅館。温泉は透明な湯で、あまり温泉の浴感はなかったが、こちらの旅館の売りは入浴しながら見える景色で、大浴場からも別棟となっている露天風呂からも、金北山《きんぽくさん》や加茂湖が一望できる。

　翌日は、朝食後に佐渡の最高峰である金北山に登頂し、午後にシーカヤックを楽しんだあと、この旅最後の温泉である八幡館を目指す。

佐渡八幡温泉・八幡館の露天風呂

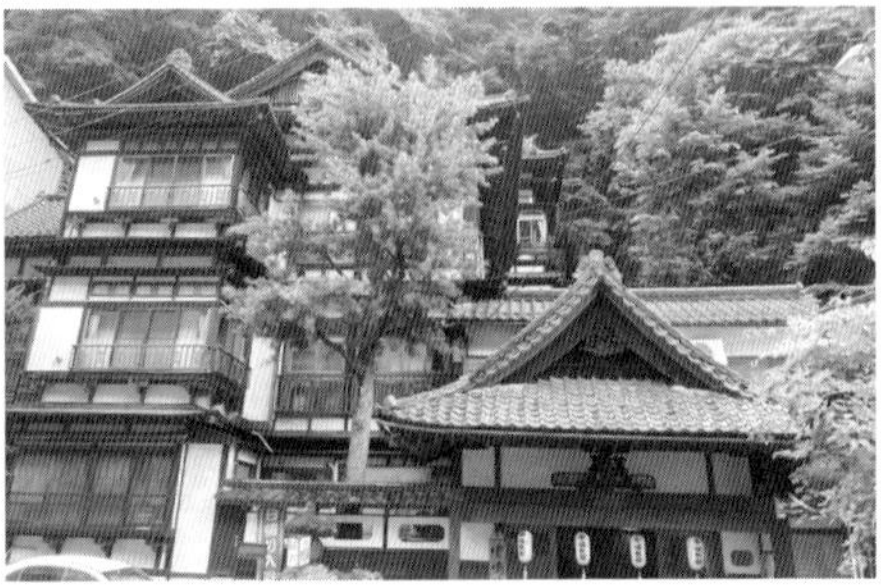

台温泉・中嶋旅館

佐渡八幡温泉　八幡館
ナトリウム・塩化物泉

佐渡の真野地区にある由緒ある観光旅館。温泉も佐渡随一の自噴掛け流し温泉を謳っており、地下一〇〇〇メートルより毎時一トンの豊富な湯が自噴している。浴槽は大きな内湯と露天風呂があり、琥珀色の湯が掛け流しとなっていた。コロナ禍もあって人も少なく、何度も貸し切りでこの大浴場を独占できたのは、よい想い出となった。また、食事も地産地消でとても美味しく、大満足であった。

翌日は、佐渡両津港から新潟港に渡り、新潟空港から伊丹空港へと帰路につき、今年前半の温泉旅が終わった。

三週間後に、次は岩手県と宮城県の山と温泉を目指した。初日は、伊丹空港から空路で花巻空港に向かい、そこからレンタカーで移動し、遠野ジンギスカンでお腹を満たしてから宿泊地である釜石を目指した。

翌日は、釜石から最初の山である五葉山《ごようざん》に向かい、登頂後は最初の温泉である五葉温泉を目指し、山道を下っていった。

五葉《ごよう》温泉　しゃくなげの湯っこ
アルカリ性単純冷鉱泉

自治体の公社が営業している日帰り温泉施設で、多くの地元客が利用していた。特色のない透明な湯であるが、登山後であったため疲れが癒された。

その後は、花巻方面に向かい、有名なラーメン店であるさかえや本店で満州ニララーメンを堪能して、温泉巡りをスタートさせた。

台温泉　中嶋旅館
単純硫黄泉

鄙びた温泉街の中心部にある木造四階建ての温泉旅館。瑞岩の湯は天然の岩風呂で、深めの湯舟に硫化水素臭が漂う極上の湯が掛け流しとなっていた。入浴した日は、雨も降っており人も少なく、貸し切りで利用できたため、温泉に浸かりながら、時が止まるような感覚を覚えることができた。次はぜひとも宿泊をしてみたいところである。。

続いて台温泉から山あいを下り、数キロのところにある大沢温泉と鉛温泉を目指す。

大沢温泉　湯治屋
アルカリ性単純温泉

川沿いにある大きな岩の露天風呂「大沢の湯」が有名な温泉旅館。山水閣と自炊の湯治屋がある。温泉はやわらかいアルカリ性の透明な湯が、どこも掛け流しとなっていた。自炊部屋は情緒があり、スキーに合わせて利用してみたい。

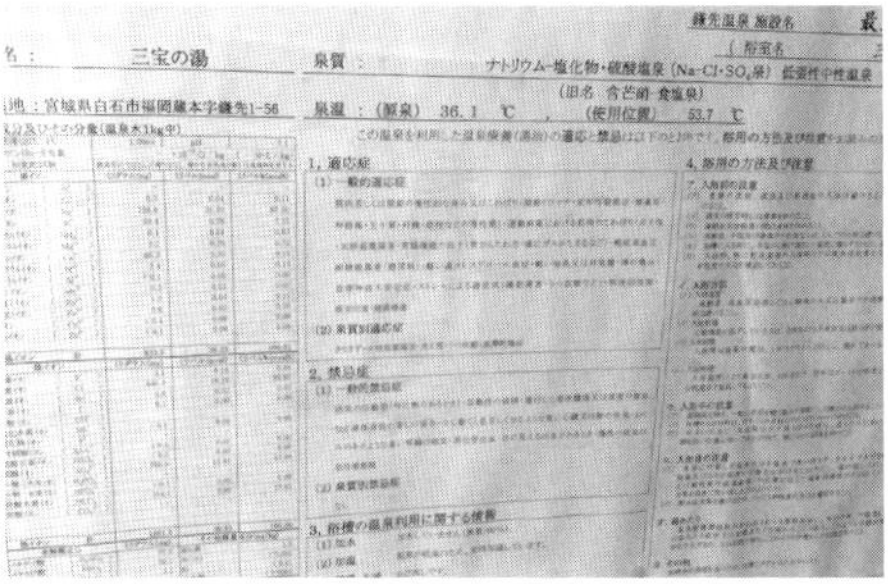
鎌先温泉 施設名 最上屋
三宝の湯
泉質：ナトリウム－塩化物・硫酸塩泉（Na-Cl・SO4泉）低張性中性高温泉
（旧名 含芒硝－食塩泉）
泉温：（源泉）36.1 ℃ （使用位置）53.7 ℃

最上屋旅館の温泉分析書

鎌先温泉・最上屋旅館の浴槽

鉛温泉　藤三《ふじさん》旅館
単純温泉

日本一深い自噴の岩風呂があることで有名な温泉旅館。透明な温泉は浴槽の底から自噴しており、微かな温泉の香りを感じる名湯であった。日帰りでもいくつかの浴槽に入れるが、浴室がつながっていないので、その度に着替えが必要となる。

温泉を堪能したあとには、新花巻駅から新幹線で古川駅に移動し、その日は温泉付きのホテルに宿泊した。

古川駅前温泉　ルートイン古川駅前
ナトリウム－塩化物泉

ホテルの大浴場が掛け流しの温泉となっていて、小さめの浴槽に塩分を含む熱い温泉が注がれていた。古川駅は、徒歩圏内に飲食店も多く、鳴子温泉や近隣の山へのよい拠点であった。

最終日は、ホテルで朝食を済ませてから船形山に向かった。仙台の近郊とは思えないほど深い森が続いており、登山口までは普通車での走行が困難なダート道が、二〇キロ以上続いていた。逆に登山口からは快適な登山道を一時間ほど登ると山頂に到着し、仙台平野はもとより蔵王山、鳥海山といった東北の名峰が一望できた。

下山後は、再びダート道を戻り、古川市内方面に進むと、温泉の印があったので、登山の汗を流すこととした。

色麻《しかま》平沢温泉　かっぱの湯
単純温泉

地元の交流センターとなっている日帰り温泉施設で、大きな内湯に加えて露天風呂やサウナも併設されている。浴槽には透明な湯が注がれていたが、温泉らしさはあまり感じることはできなかった。

その後、塩釜でお寿司を食べて、後は帰宅するのみとなったが、少し時間もあったので、今回の旅の締めに鎌先温泉まで足を伸ばした。

鎌先温泉　最上屋旅館
ナトリウム－カルシウム・硫酸塩泉

南蔵王の山麓にあり奥州の薬湯として、歴史のある鎌先温泉。その温泉地のなかで一際立派な木造造りが特徴の温泉旅館。日本秘湯を守る会の会員宿でもある。浴室は男女入替制で、今回は三宝の湯に入った。小さめの湯舟には、茶褐色の湯が掛け流しで注がれており、旅の疲れを癒すことができた。

最後の温泉を堪能し、仙台空港から伊丹空港に移動をして、神戸へと帰路についた。東北の夏は過ごしやすく、今年も夏の旅行によって心も体もリフレッシュできた。

八幡平周辺の温泉を訪ねて

露木孝志

コロナ禍が始まった二〇二〇年の温泉達人会の総会・納会は、岩手県の藤七《とうしち》温泉「彩雲荘」であった。せっかく遠路はるばる岩手まで行くのだから、八幡平《はちまんたい》周辺の温泉巡りを楽しもうと、GoToトラベルキャンペーンも使って有意義なものになるように入念に計画した。

初日は東北新幹線を盛岡駅で降りて、レンタカーを借りた。最初の立ち寄り入浴の目的地は、八幡平温泉郷の「八幡平ハイツ」。エコノミーな公共の宿だが地域一番の宿泊施設のようで、来館された昭和天皇から三代の陛下の写真が玄関に飾られていた。入浴料は六一〇円で、広々とした大浴場と、石段を降りた露天風呂を堪能した。泉質は単純硫黄泉、源泉七〇・七度。

次の入浴地は、紅葉に包まれた秘湯、松川温泉の「松川荘」。六〇〇円の入浴料を払い、白濁した源泉八四度の硫黄泉がたたえられた混浴露天風呂から、周囲の山々の赤や黄色の紅葉を眺めながら名湯を満喫した。

予想外の大雪

そして、いよいよ温泉達人会の総会・納会が行われる藤七温泉へ。八幡平アスピーテラインの入り口まで行くと、ゲートが半分閉まっていて通行止めではないか！　ようやくオフにしていた携帯電話のスイッチを入れて、そのことを伝えようと連絡をくれた幹事の高田さんからの着信に返信すると、「遅い！」と怒られる始末。なんと、まだ一〇月二四日だというのに、彩雲荘のあたりは大雪でレンタカーでは入れないことが判明したのだった。

翌日の計画の「蒸ノ湯温泉（ふけの湯）」や「後生掛温泉」を経由して、二泊目の「湯瀬ホテル」へと向かう計画がもろくも崩れ去った。山の秘湯を甘く見たので仕方がないが、それでも通行止めに遅く気が付いたので、前述二カ所の温泉地はゆっくり堪能できたのは不幸中の幸いであった。

さて、彩雲荘に電話してみると、三〇分ぐらいで迎えのワゴン車が来るとのこと。それを待っていると、自分より後ろに並んでいた車から、送迎車に先導されてゲートの路肩の駐車スペースへと車が連なった。自分が一番最初に並んでいたのに、先に気づいた車に抜かされ、いつ

三代の天皇陛下も訪問された、八幡平ハイツ

大雪の中の藤七温泉・彩雲荘の露天風呂

の間にかビリに。なおかつ慣れないレンタカーでロックに時間がかかり、最後に送迎車に乗る羽目になった。

　ワゴン車の定員は少ないので自分の一組前のカップルは、なんとワゴン車の入り口スペースの地べたに座らされることに…。えー、ひどい！　私が一番長く送迎車を待っていたのに、こんな狭いスペースに乗せられることになるなんて！　と立腹したが、運よく一名分運転手の隣の助手席は空いていたので、そこに乗るように指示された。これで狭いスペースに座らされたり、もう一便待つように言われたら旅の印象はとても悪くなっていただろう。

　雪に包まれた秘湯、藤七温泉 彩雲荘に到着。あまりにも寒く、部屋にはストーブが焚かれていたので、温泉に入るのは集合写真を撮るときまで延期しようと思った。

　ようやく全員が揃ったので、大露天風呂で達人会の恒例の行事である、会報の表紙写真を撮影することになった。まずは内湯で暖を取ってから露天風呂に行こうと思ったのだが、内湯が熱すぎて入れないのだ。源泉温度は九一度の単純硫黄泉という。ほとんど掛け湯のみの状態で、撮影場所の露天風呂まで猛吹雪の中をタオル一枚で走る。さながら、ダチョウ倶楽部のテレビ番組の過酷ロケのようなありさまであった。

　それでも露天風呂に入っているといい湯加減で、顔に雪がかかることなどあまり気にならなくなった。三〇分ぐらい浸かって撮影したので、体もぽかぽかと温まり、なおかつ半年近く治らなかった足の指の皮膚炎が、旅行後にはきれいになくなっていた。

　撮影後に温泉達人会の総会ミーティングがあり、その後は秘湯の割には結構豪華な夕食のバイキングを味わった。吹雪は一向に収まらないうえ、宿泊者専用露天風呂に行った同室の古舘さんが、あまりの大雪に入浴をあきらめて帰ってきたので、結局、彩雲荘での入浴は集合写真を撮ったときのみになってしまった。

予定変更、湯巡り開始

　さて、翌日は相変わらず八幡平アスピーテラインが通行止めなので、宿の送迎車でレンタカーまで戻り、岩手県側の八幡平山麓の未入湯の温泉を巡ることにした。まずは「岩手山焼走り国際交流村 焼走りの湯」。六〇〇円を払って、源泉二六度の単純温泉の透明な湯がたたえられた大浴場やサウナを楽しむ。

　続いて源泉三一度のアルカリ性単純温

泉の「いこいの村岩手」の大浴場も五五○円で堪能。次はスキーリゾートとして名を馳せた安比温泉の「白樺の湯」へ。一○○○円だが、彩雲荘でもらった地域共通クーポンを使用して入浴。広大な敷地に露天風呂が点在し、白樺林を眺めながら、透明な源泉二九・八度の加温の単純温泉がたたえられた寝湯を満喫。名物のソフトクリームも湯上がりにいただいた。

次は新安比《あっぴ》温泉の「静流閣」へ。東北自動車道安代ＩＣから車で一○分ほどの地に、鉄筋五階建ての温泉ホテルと日帰り入浴棟が並び立っていた。スキーリゾートの安比とはかなり離れており、こんな所に鉄筋五階のホテルが？と思うような地にあるが、よほど湯の質がいいのだろう。海水の濃度の二倍の塩分を含むと謳われる含鉄（Ⅲ）－ナトリウム－塩化物強塩泉三八・三度の湯は茶褐色に濁り、ちょっとした切り傷の跡でもヒリヒリするほど。七○○円と手ごろな料金なので、地元の方の銭湯代わりにも使われているようだ。

さて、国道二六二号を北上して秋田県に入り、今宵の宿の湯瀬《ゆぜ》温泉の「湯瀬ホテル」へ。ネットで予約した洋室に一名で宿泊。特別室の隣で、ＶＩＰの警護やお付きの方が宿泊するような客室だった。通常は一泊二食二万三○○○円の料金だが、ＧｏＴｏトラベルで一万五○○○円に割引に。ちょうど、ＧｏＴｏトラベルのクーポン不正使用（泊まらずにキャンセルして地域共通クーポンのみ使用する手口）が話題になった時期だったので事前支払いとなり、なおかつ秋田県民割などの併用時だったので、フロントで二○分も長蛇の列に並ぶ羽目に。ＧｏＴｏを使うのも楽じゃない。とはいえ、お土産も五○○○円分近く地域共通クーポンで購入できたので、随分とお得感のある旅行になった。

湯瀬ホテルの大浴場は素晴らしかった。広々とした石造りの清潔な大浴場の先には、米代川に張り出したように設えられた二つの露天風呂があり、眺めは絶景。泉質はアルカリ性単純温泉で五九・一度（宿のＨＰより）。夕食も黒毛和牛の陶板焼きや、きりたんぽ鍋などが運ばれ豪華であった。

もうひとつ風呂

最終日の三日目。「休暇村岩手網張温泉」に行く計画をしたが、コロナ禍で日帰り

岩手山の眺めがよい、いこいの村岩手

スキーリゾート安比にある、白樺の湯

穴場の新安比温泉。塩分が強くピリピリする湯

入浴は休止中という。しかたがないので岩手県八幡平市に戻り、「七時雨《ななしぐれ》鉱泉」という老人福祉施設も兼ねたような温泉に行く。含硫黄－二酸化炭素－ナトリウム－塩化物・炭酸水素塩冷鉱泉一四・二度を浴用加熱して内湯にたたえており、六〇〇円。

国道沿いにありながら素敵な眺めの、四季館彩冬の露天風呂

次は温泉の看板が往路で気になった国道二六二号沿いの「四季館彩冬」へ。紅葉が見事な雑木林を見ながら露天風呂が満喫できる、素敵な施設だった。露天風呂に入っていると、何やらいい匂いが。前沢牛のハンバーグステーキの香ばしい匂いがしてきたので、ランチに食べることに。温泉は、アクティブリゾーツ岩手八幡平（旧八幡平ロイヤルホテル）の源泉からの運び湯のようだが、浴室といい、食事といい、主人のこだわりが見える快適な施設であった。

　最後の訪問地は、オープン時はゲンデルランド西根と言われた、西根温泉の「おらほの温泉」へ。含硫黄－ナトリウム－塩化物・硫酸塩・炭酸水素塩温泉。源泉温度五四・二度で、湯の質は悪くないが、施設は老朽化して露天風呂は閉鎖中。かつて寝湯だったと思われる所は、人工芝が敷かれていた。五〇〇円と値段は安いが、営業継続が危ぶまれる施設だ。

　今回の温泉旅は、以上の十一カ所の施設を回って、温泉についての見識を深めることができた。が、予期せぬ大雪のせいで、計画していた秋田県側の八幡平の温泉を回ることができなかったのは残念だった。また、次回の八幡平訪問時の宿題としたい。

米代川を挟んで２棟の建物が対峙する、湯瀬ホテル

地元のおばあさんでにぎわう、七時雨鉱泉

なんとか営業している、おらほの温泉

城と温泉と私

鹿野義治

26城目：二本松城

かねてから、出かけた先にお城があれば立ち寄ってしまうプチお城好きで、現存一二天守閣など有名どころのお城には旅の都度登城していた。そして、ふと徳島に旅に出た二〇一八年に、その存在はかねてから知っていたが、手を出さないと決めていた「日本100名城」スタンプラリーに、つい出来心で手を出してしまった。

思えば、四国お遍路巡りも二〇〇八年に徳島に旅行に行った際、軽い気持ちで一番霊場に行ったことが始まりだった。「いつも始まりは徳島」ということらしい（笑）。そして、一度こういうものに手を出すと、すべてコンプリートしなくては気が済まない性格。兎にも角にも、三年前から禁断の日本百名城巡りを始めてしまった。手を出した以上、ここからは楽しむしかない。そして旅にも城にも温泉はつきものである⁉

二〇二〇年八月の時点で、スタンプ済なのは二五カ所。なるべく多くの城を巡りたいと思っていたが、このコロナ禍のなか、予定がキャンセルになることだらけでなかなか思い通りにいかず、なんとか今年度に巡ることのできた九城と、そんなお城のお供に巡った七湯の温泉を紹介。

◆二六城目：二本松城（福島）

二本松城は別名、霞ヶ城ともいい、室町時代より同じ場所で存続した東北では稀有な

城跡。戊辰戦争において二本松少年隊の悲話を残して落城。そんな二本松城のお供の湯は、

① あづま温泉（福島）

標高約五〇〇メートルにある露天風呂からは、福島市中心部が広がる景色が最高にきれい。一〇〇パーセント源泉掛け流しで、重曹泉の醍醐味トロトロ感が感じられた。しかし、残念ながら現在は立ち入り禁止になっており廃業したようだ。

あづま温泉 ※ 2021 年 10 月現在、営業していません

◆二七〜二九城目：松江城（島根）・月山富田城（島根）・岩国城（山口）

松江城は現存一二天守の一つで、二〇一五年にお城として五つ目の国宝に認定された。月山富田城は難攻不落の城として、戦国時代屈指の要害とされている。悲運の武将・主家への忠義を貫いた山中鹿介《しかのすけ》の銅像や、供養塔や随所に残る石垣や石畳の古道が往時の面影を伝える。岩国城は、初代岩国領主・吉川広家によって造られた標高約二〇〇メートルにある山城。眼下に流れる錦川が天然の外堀となっていた。そんな三城のお供の湯は、

② 小屋原温泉 熊谷旅館（島根）

言わずと知れた名湯で、三瓶山の北西山麓にポツリとあ

27 城目：松江城

28 城目：月山富田城

29 城目：岩国城

小屋原温泉・熊谷旅館

る。人肌ほどの極上のぬる湯は泡付きがあり、血行がよくなるからか、とても体が温まる温泉。湯船から床にかけての析出物も趣があり。

③千原《ちはら》温泉 千原湯谷《ゆんだに》湯治場（島根）

足元からぷくぷくと湧くこの湯は、茶褐色でぬるめの極上湯。かつては療養目的以外では入れない本格的な湯治湯

千原温泉・千原湯谷湯治場

だった。熊谷旅館でも一緒になった、見ず知らずの女性と浴場の壁越しに温泉談義に花を咲かせ、楽しいひと時に。

◆三〇城目：小田原城（神奈川）

小田原城の築城は一五世紀中ごろと考えられており、戦国大名・小田原北条氏の居城となってから、次第に拡張整備され、豊臣秀吉の来攻に備えて城下を囲む総構を完成させる。城の規模は最大に達し、日本最大の中世城郭に発展した。そんな小田原城のお供は、

④姥子温泉 秀明館（神奈川）

大正期の建物を残し湯治場の雰囲気が残る「秀明館」は、神秘的な浴場という言葉が思い浮かぶ。岩盤からコンコンと湧き出す湯は、天候（降雨量）によって湧出量も変化し、日によって顔を変える。ここは忙しい毎日を忘れ、ゆっくりと湯治

姥子温泉・秀明館（許可を得て撮影）

気分を満喫するのが最高。

◆三一城目：山中城（静岡）

　山中城は戦国時代末期、小田原に本城をおいた後北条氏によって築城された。全国にも珍しい石を使わない土だけの山城で、堀や土塁など四〇〇年前の遺構がそのまま復元されている。そんな山中城のお供は、

⑤竹倉温泉みなくち荘（静岡）

　古きよき昭和の雰囲気にホッとできる癒しの湯。鉄分が含まれた赤茶色の湯は、冷鉱泉のため加温して浴槽に注がれており、血液の循環をよくし、体の芯からじわじわと温まる。いつまでも汗が止まらない。

30 城目：小田原城

◆三二城目：水戸城（茨城）

　水戸城は、那珂《なか》川と千波《せんば》湖に挟まれた丘陵地に築かれた、日本最大級の土造りの城。大規模な土塁とともに、城の西側の台地には五重の堀、東の低地には三重の堀をめぐらし、

31 城目：山中城

32 城目：水戸城

竹倉温泉・みなくち荘

堅固な防衛線を築いていた。本丸跡には現在、県立高校が建つ。そんな水戸城のお供は…、なんと諸事情で温泉に入ることができず残念無念。

◆三三〜三四城目：上田城（長野）・松代城（長野）

33 城：目 上田城

34 城目：松代城

上田城は真田幸村の父、真田昌幸によって築城され、第一次・第二次上田合戦で徳川軍を二度にわたり撃退した難攻不落の城として知られている。松代城は、江戸時代には松代藩主・真田家の居城で、その始まりは、戦国時代に築城された海津城。戦国時代から江戸時代初頭までは北信濃を支配するうえで、軍事的、政治的に重要な拠点となっていた。そんな上田城、松代城のお供は、

⑥戸倉観世《かんぜ》温泉（長野）

戸倉観世温泉

淡いエメラルドグリーンの湯からは硫化水素臭が際立ち、湯口から飲泉も可能。入浴料は三〇〇円と安く、自動販売機で購入した券を番台で渡す形式。昭和のよき時代を思い出す。

⑦松代温泉　松代荘（長野）

松代温泉・松代荘

広い湯船の大浴場でも毎分七四〇リットルと豊富な湯量で鉄分を多く含む黄金色の湯が、贅沢にかけ流されている。宿泊者専用風呂もあり、極上の湯をゆっくりと堪能できる。

以上、旅のお供に最適なお城と温泉を巡る旅は、九城七湯を存分に楽しむことができた。そして来期もコロナウイルスの収束を心から願いつつ、一〇〇城完全制覇を目指し、城と湯を楽しんでいきたい。ご当地の食も安心して堪能できる未来を気長に待ちながら、ゆっくりと巡っていこうと思うのであった。

二〇二一年呑み鉄の旅

高田和明

ＪＲ東日本が発売する週末パスを使って、娘の彩朱と一泊二日の鉄道の旅に出た。ただひたすら列車に揺られて旨いものを食べ、旨い酒を呑む。目的はそれだけだ。

東京駅二〇番線にＥ４系がゆっくりと入線してきた。新幹線車両で唯一残る二階建て車両だが、二〇二〇年までに姿を消す予定だった。ところが、二〇一九年の台風一九号が車両基地に置かれた新型車両Ｅ７系八編成九六両を浸水廃車にしてしまったため、車両不足で使われ続けていたが、それもこの一〇月でラストランが決定的になった。この旅のスタートはＥ４系の乗り納めに狙いを付けた。

初めてＥ４系を目にしたとき、ダイナミックに格好が悪いことにたまげたが、ボディーに張られたラストランのステッカーを見ると、名残惜しくもなる。

東京駅を〇七：〇四、「Ｍａｘとき三〇三号」となって新潟へ向かう。

高架に上がると、防音壁に邪魔されない景色が広がって二階席の本領が発揮される。こんなときにプシュッと開ける、キンキンに冷えたビールがたまらない。サーモスのアイスバッグにタンブラー、冷やしておいた強炭酸水とウイスキーに氷という完全装備。一つでは足りないから彩朱にもう一個持ってもらっている。

景色はよいがＥ４系の最高

SL ばんえつ物語

酒田行「海里」。新潟駅にて

速度は二四〇キロと、新幹線のなかではダントツに足が遅い。老朽化も加えて限界を越えているのかも。

おっと、景色に見とれてハイボールを飲みすぎている場合ではない。

〇九：〇一、新潟着。ここで酒田行のリゾート列車「海《かい》里《り》」に乗る。「海里」は、ディーゼルエンジンで発電した電気でモーターを動かし、減速エネルギーをバッテリーに充電するハイブリッド車。最近の

「海里」１号車１番Ｃ、Ｄ席

気動車の標準になりつつあるニュータイプで、二〇一九年一〇月に登場した新車だ。

酒田方（方面）一号車は、前面展望スペースと新幹線のグリーン車より広いピッチ（一二〇〇ミリ）のシートが三〇席、二号車はコンパートメントが八室、三号車は売店などのサービスカウンターなどがあるフリースペース、四号車は旅行代理店が扱うラウンジカー。一、二号車には乗車券と八四〇円で乗れるのが

海里特製 加島屋御膳

なんともおトク。

幸いにも一番前の一号車一番の席が取れた。先頭車付近で横断幕を持ちながら小旗を振る駅員の方々に見送られて。一〇：一一、定刻に発車。ハイボールがグンと旨くなる。

一〇：三七、新発田に到着。ここでもう一つのお楽しみは、事前にネットで予約をしないと買えない「海里特製 加島屋御膳」だ。彩朱がバウチャー券（弁当交換切符？）を持っ

桑川駅近くの海辺から遠く粟島を望む

て三号車に行って換えてきた。一八〇〇円もするのだが、小洒落た盛り付けと上品なお味。そして何より「海里」に乗車しないと買えない代物。だいぶ贅沢な気分にさせてくれる。ちょこちょこ突っつきながら、ハイボールにピッタンコ！

進行左手に青々とした日本海が晴天の下に現れると一一：二四、桑川に停車。二〇分の小休止に駅を出て道路を渡って海辺に出ると、二〇キロ先に浮かぶ粟島がくっき

りと見えた。

　桑川を出ると越後寒川までの一〇キロ、遊覧船が遊ぶ景勝地「笹川ながれ」を運転士がゆっくりと流す。ハイボールがグングン入る。

　一三：〇九、余目《あまるめ》に到着。おっと、飲みすぎている場合ではない。後ろ髪を引かれながら途中下車。

　予約しておいたタクシーに乗り換える。こんなとき、タクシーの予約の手間と迎車料金をケチってはいけない。地方の駅で途方に暮れるなんて地獄だ。

　「庄内町ギャラリー温泉 町湯」に立ち寄る。ネーミング的には循環かもという感じ。建物は近代的な美術館のようで、清潔感あるゆったりした造り。泉温二七度の掘削自噴で、内湯、露天共に加温あり・加水あり・源泉掛け流しと記されている。陽に当たると透き通った褐色が鮮やかな湯だった。四八〇円。

　朝から呑み続けた、たっぷりのアルコールを抜いてすっかりリフレッシュ。さあ、列車に戻って呑むぞぉ！

　迎えに来てくれたタクシーに予定通りコンビニに寄ってもらって、炭酸と氷の補給。余目駅に戻る。

　このまま上りホームで待っていれば、次に乗る予定の新潟行の「海里」が来るのだが、待っているのももどかしく、始発駅の酒田へ特急「いなほ五号」で向かう。鈍行が一六分かけて走るところを、E653系がノンストップでぶっ飛ばして八分、五二〇円。貸切状態だったし、これはこれで楽しい！

　新潟へ戻る「海里」は二号車のコンパートメント。白くて大きなテーブルのある四人用個室だ。座面を引っ張り出すと座席がフルフラットにもなる。

　一五：〇〇、酒田を出発。この列車では「海里特製庄内弁」を予約していた。こちらは二〇〇〇円！　バウ

笹川ながれをゆっくりと進む

庄内町ギャラリー温泉・町湯

653系「いなほ5号」

新潟行「海里」。酒田駅にて

「海里」のコンパートメント
チャー券を握って彩朱が三号車に行ってきた。蓋を開けて、おおおっ！　これで新潟までの三時間半、たっぷり時間をかけて楽しめそうだ。

　彩朱はちょっぴりしかお酒を呑めないが酒の肴が大好きで、お湯巡りの移動中もお菓子よりスルメや昆布をかじっていた。夜の宴でアテにしていたものを先にさっさとやっつけられた。この「庄内弁」も値段を聞いたせいもあるんだろうが、「旨い旨い」と褒めちぎった。

　ちょっぴりしか呑めないことに、一番がっかりしたのは彩朱。父が父だけに絶対呑めると信じていたらしい。「パパと呑みたかった」と言ってくれるけど、仕方ないよね。ママもそうだから。

　一六：五二、桑川で二九分間の小休止。海辺をプラプラしたり「夕日会館」をのぞいてみたりしていると、一時間ほどあとから来た「いなほ12号」に追い抜かれた。臨時の

海里特製 荘内弁

リゾート列車は速く走らなくてもいい。それはそれでいいのだ。

　遠く粟島に夕日が落ちていくと、絶景になるのだろうなと想像しながら一七：二一、桑川を出発。

　一八：三一、「海里」での往復八時間二〇分、東京を出発してから十一時間二七分、本日の終着駅、新潟に到着した。

　性懲りもなく居酒屋で一杯やって、駅前のホテルに投宿。

　翌朝、コンビニで炭酸水

もうすぐ粟島に日が沈む桑川駅

と氷をたっぷり仕入れてから、朝酒の肴に新潟駅の駅弁を物色。チョイスしたのは「まさかいくらなんでも寿司」一一五〇円、彩朱は「焼漬鮭ほぐし弁当」一一三〇円。もちろん彩朱は朝酒なんてやらないけど。
　新潟始発の各駅停車で新津に行く。新津と会津若松を三時間半で結ぶ「ＳＬばんえつ物語」に乗るためだ。以前は新潟始発だったのだが、新潟駅の高架化に伴い新津始発に

SL ばんえつ物語

なった。

「ＳＬばんえつ物語」は、Ｃ57形１８０号蒸気機関車が、専用に改造された12系客車七両を引く。この列車も乗ることそのものが目的のような列車だ。機関車は七五年前の昭和二一年製。廃車され新津市の小学校に保存されていたが、保存状態がよかったことから一九九九年にカムバック。児童から贈られた記念銘板が、炭水車に張られている。

児童から贈られた記念銘板

会津若松方一号車はキッズ向けのアイテムが多くある「オコジョ展望車両」と呼ぶフリースペース。二、三、五、六号車は四人掛けのボックスシート車で、五号車は売店を併設。四号車は円筒形の赤い郵便ポストが置かれ、大人の雰囲気が漂うフリースペースの全面展望車。そして、七号車は最後尾に展望室を備えた一＋二席配置の回転リクライニングシートが並ぶグリーン車。ボックスシート車は五三〇円、グリーン車は一七〇〇円。シートピッチが広くてリクライニングする七号車に陣が取れたのは、呑兵衛にはありがたい。

４号車展望車

一〇：〇五、汽笛一声とはこうだ！と言わんばかりの汽笛を鳴らし、横断幕を持った駅員の方々に見送られて新津を出発。何度も修繕をしながら延べ二〇〇万キロほどを走り続けているＣＣ５７１８０。これはたまらん、涙がチョチョギレそう。

７号車展望室

一〇〇キロ以上の距離を走るＳＬは、現在この列車が唯一の存在。木目を基調としたシックなインテリアにゆったりゴージャスなシート。はい、朝からハイボール！　奮発したかいがあるというものだ。轍を刻む音と時折聞こえてくる汽笛、忘れたころの踏切警報音。グングングンと、酒と肴が旨くなる。

ゆったりと流れる阿賀野川に寄り添って走っていると一一：一二、津川駅で小休止。

手を振って見送ってくれた

片寄った石炭をならす

客室で待機していた係員が一斉に機関車に取り付いて作業を始めた。機関車から真下に水がドバドバ流されると、まだ燃えている石炭ガラが次から次へと落とされて、ジュージュー水蒸気を上げて線路からあふれそうになる。片側一〇カ所ほどの給油口のボルトを開けて給油、炭水車へ水の補給と片寄った石炭をならす。見ていて飽きない。お客より楽しいのかもしれない。

オコジョルーム展望エリア

　最後尾にある展望室はグリーン客専用。総ガラス張りで広くて明るく、トンネルに入ると照明が映えてシックなムードが増してくる。機械式速度計、ボイラー水面計や特注品の前照灯電球などが、専用のショーケースに飾られている。大人の世界だ。

　最前部の「オコジョ車両」は、整理券が配られて順番に二〇分単位で見学するというもの。このときのオコジョルームは、子どもたちとその母親らで満員御礼、大騒ぎだ。ハイボール片手にウロウロしなくてよかった。

富士の湯

　酒の肴を食べつくした一三：三五、会津若松に到着。乗客を降ろすと一気に加速して、留置線へバックしていった。

　さあ、またまたアルコールを抜きに温泉に行きましょう。歩いて数分の所にある「富士の湯」へ行く。外観も中身も見たまんまのスーパー銭湯。サウナ、露天、高濃度炭酸、岩盤浴となんでもある。泉温四九・三度の掛け流し、四五〇円。どの湯も熱交換器で泉温を下げていて、加水なしとのこと。ほんのり塩味のするアルカリ性の湯だった。入りすぎたのかな、あー、喉が渇いた。

福豆屋の海苔のりべん

　駅のコンビニに予約していた駅弁を受け取りに行く。一五時台にお目当ての駅弁があるとも思えず、取り置きをお願いしていたのだ。「福豆屋海苔のりべん」一〇〇〇円。なんでもこの「海苔のりべん」

を食べるとコンビニの「のり弁」が食べられなくなってしまうらしい。そんなものをコンビニで売っているのはおかしい、とかはいいとして食べてみよう。

転車台で方向を変え、来たときと反対側に機関車を移した、新潟行の「ＳＬばんえつ物語」に乗る。新潟まで三時間一五分だ。郡山に向かえば二時間半で東京に戻れるが、そんな野暮ったいことをしにきたわけじゃない。予約した車両はもちろん呑兵衛の特等席の七号車。

一五：二五、展望室の前に連結されたＣ５７１８０が雄叫びを上げる。連結器の隙間を感じさせない、上手な列車の引き出しがお見事。全力で加速する力強い蒸気が煙突から排出されるドラフト音と、シリンダーにたまった水滴を吐き出すドレン音が交錯する。機関車の次位（次の車両）にいればこその臨場感だ。これだ、これだよ！

ラストランのステッカー

Max とき +Max たにがわ

「福豆屋 海苔のりべん」のフタを開けてみた。安い弁当の代表みたいな「のり弁」の雰囲気はない。思わず「なんだこりゃ？」と二人で顔を見合わせてしまう。ひと通り食べてみたのだが、今まで食べてきた「のり弁」は何だったのかと思うほど味わいが深い。まったくの別物だ。どうしてもハイボールがすすんでしまう。

野沢で一〇分、津川で一五分の小休止。先頭の客車からなので、機関車へは常に余裕の一番乗りだ。両駅とも機関車がホームからはみ出した位置に停車。ホームを降りて見上げると迫力満点、複雑な構造の足回りがよく見える。

一八：四〇、往復八時間三五分の旅を終えて「ＳＬばんえつ物語」は新津に帰り着いた。

この旅の締めは、そう、Ｅ４系の二階に乗って帰ることだ。途中の高崎で、同じＥ４系を併結して全車二階建ての巨大な一六両編成となる変わり種があった。新潟二〇：二一発の「Ｍａｘとき３４８号」がそれだ。

そして二二：二八、東京駅に無事到着。一泊二日、一二五六・五キロの旅が終わった。特徴のある顔同士が連結されている姿をこれから見に行く。最後かと思うと、やっぱり名残惜しいものだ。

○温泉データ
庄内町ギャラリー温泉 町湯　９：００～21：00　４８０円
山形県東田川郡庄内町余目字土堤下35番地２　電話：０２３４－４３－２２２２
単純温泉　40・7℃　ｐＨ８・６　成分総計0・2547g
富士の湯　10：00～24：00　４５０円
福島県会津若松市駅前町２－13　電話：０２４２－３２－１１２６
ナトリウム・カルシウム－塩化物・硫酸塩泉　49・3℃　ｐＨ８・０　成分総計4・353g

萌えいづる春　上高地

山田　豊

かっぱ橋

一九六四年の東京オリンピックの年に、初めて上高地を通り、穂高岳に登りました。当時は梓川にダムはなく、島々駅を出たバスは奈川渡から梓川の右岸の谷底を延々と走り、沢渡で一〇分ほど休憩。そこから、左岸の谷底をまた延々と走り、上高地に向かったのです。

時はめぐり、あの日にはなかった稲核、水殿、奈川渡の三つのダムが完成したころ、なぜか松電バスの車掌を生業としていて、赤松駅から改名した新島々駅前の寮で生活し、妙鉱鉱泉で汗を流していました。

バスの車掌の仕事は、誘導だけでなく沿線の名所案内も含まれていて、沢渡まではできたばかりの快適な付替道路を、ダムの説明などをしながら走ります。そして、沢渡から先は昔のままのすれ違いもままならない細い道が続き、対向車があれば車掌が降りて待機所まで押し返します。この道で一番偉いのは松電の路線バス、次に工事用トラックで、観光バス、自家用車と続きます。なんたって路線バスの運転手は、元トラック運転手の方が多いのです。なので勝ちます。

このような道だけに見どころ満載。沢渡を出るとすぐに直角に曲がっていて、中が真っ暗な山吹隧道《ずいどう》、落石がゴロゴロ堆積する雷岩、そして垂直の壁を穿《うが》つ百軒長屋をすぎると、遥か山間に雲間の滝が見えます。坂巻温泉を対岸に見てエロ松に柏手を打ち、両岸から急峻な岩崖が迫り川幅が極端に狭くなる天然開渠を通過。蒸気が吹き出す赤怒谷《あかぬたに》、蛙岩《げえろいわ》・熊岩、中の湯露天風呂と続き、安房峠に続く道を左に分けて卜伝の湯をすぎると、上高地線最大の難所、釜トンネルです。

このトンネルはバスがやっと通れるくらいしか幅がなく、交互通行のため一五分間隔でしか通過できません。バスのダイヤもこの時刻に合わせていました。さらに真っ暗なうえに急カーブと、一六・五パーセントもの斜度があるのです。山道に慣れない自家用車がエンストして動けなくなったのを、何台助けたことか。事程左様に釜トンはまったくもって上高地の関所であり、簡単には通してくれません。

釜トンを抜け焼岳が見えて右に曲がると、大正池を前景に雄大な穂高岳が現れます。やがて木立の間に上高地帝国ホテルの赤い屋根がみえると、すぐに終点上高地バスターミナルです。そしてこの赤い屋根を見るたびに、いつかは泊まってみたいと思っていました。

時はめぐり、また何回かの春が来て、少し背伸びすれば上高地帝国ホテルに泊まれるのではないかと思ったころ、同じ思いを抱く悪友とあこがれの上高地帝国ホテルに泊まることができました。それはもう夢のような時間でした。そしてこれからもこのホテルに泊まりに来られるように頑張ってみようかと思えるのでした。

人生の節々に泊まってきた上高地帝国ホテルに、今年もやってきました。沢渡からの道も釜トンも二車線の快適な道に変わったけれど、穂高の山々は変わらずに輝く残雪と色とりどりの新緑をまとい聳《そび》えています。そして帝国ホテルの館内に一歩踏み入れれば、そこはもう別世界。ベランダの椅子に座り眺める穂高岳は、もう登ることは叶わないけれど、その美しさにただただ見惚れ、至福の時が流れていきます。

翌早朝、いつもなら上高地温泉ホテルの湯に入りに行くところですが、残念なことに今年は流行り病のせいで営業時間や人数が制限されてしまい、入ることができませんでした。上高地に温泉があるのかと疑問に思われる方も多いかと思いますが、開湯が文政十三年（一八三〇年）という一九〇年も前とか。湯は単純温泉（弱アルカリ性低張性高温泉）で、源泉かけ流しの極上ものです。

山の帰りなどで足早に通過してしまうことが多い上高地ですが、時間に余裕があるときなどは上高地温泉に立ち寄り、倅《せがれ》と一緒に樽風呂ではしゃいだり、ある時は友の野辺送りに泊まったりと、この温泉にまつわる思い出はつきません。

ということで、今年入れなかったのは返す返すも残念ですが、今晩泊まる浅間温泉を楽しみに上高地をあとにすることにします。浅間温泉については次頁、島根さんの「信州の懐かしい温泉」をご覧ください。

○データ
上高地帝国ホテル　長野県松本市安曇上高地4468　電話：0263-95-2001
上高地温泉ホテル　長野県松本市安曇上高地4469-1　電話：0263-95-2311

上高地帝国ホテルにて

上高地温泉ホテルは入れずじまい

信州の懐かしい温泉

島根孝夫

長野オリンピックのころ、信州松本で数年間暮らしたことがあった。常念岳がきれいに見えるアパートを探し住んでいた。その地の利を生かし、美味しい蕎麦を探し、温泉を求めて信州を彷徨った懐かしい思い出がある。

今年は記念の歳、と理由をつけ旅行を企てた。色々制限のあるなかではあるが、万全の準備を整え出発した。久々の特急あずさに乗り、中央線の山々を楽しみ、上高地に入る。もう何十年も上高地には来ているが、来るたびに山々の美しさに感激感動する。上高地帝国ホテルに宿泊するも、日程の関係から上高地温泉には入ることができない。シャンパーニュとワインに少し酔いながら、大きいベッドに埋もれ温泉の夢を見た。

翌日、上高地に後ろ髪を引かれつつバスに乗る。きれいになりすぎた釜トンネ

東石川旅館

ルを越えると、ト伝の湯、旧・中の湯温泉の露天風呂、赤怒谷、坂巻温泉、沢渡を通り新島々へ。上高地線新島々駅から松本へ、松本駅前のバスターミナルから浅間温泉に向かう。久々に通る松本の街なかはとても新鮮で、ウキウキする。「浅間温泉入口」のバス停から温泉街に向かうと、最初に現れる旅館が今日お世話になる「東石川旅館」である。以前は向かいに「西石川旅館」があったが、現在は廃業している。

浅間温泉は一千三百年の歴史ある温泉。アルカリ性単純温泉の体に優しい温泉である。初代松本藩主、石川数正により御殿湯が置かれ、お殿さまが通う温泉になったようだ。お殿さまの名前を冠した東石川旅館は、風格を感じる蔵造りの小さな宿だが、正しい日本の旅館である。落ち着くのはなぜだろうか。

早々に露天風呂が併設されている大浴場に入り、あさまの湯を堪能する。家族風呂もなかなかよい風呂であった。夕食の前に、今回何回目かの記念の歳の乾杯だ。信州産の食材をふんだんに使った料理を、美味しくいただく。信州の地酒もあっという間に進んでしまう。シアワセ！　素敵な温泉に入り、湯上がりのビール。和食と日本酒の組み合わせは格別である。隣人の鼾を聞きながら、夢の世界に入っていった。

翌日、全国展開をするリゾートホテルを見ながら温泉街を歩き、日帰り温泉「湯々庵 枇杷《びわ》の湯」に向かった。御殿湯の詰所跡である。中庭にはお殿さまお手植えの立派な松がある。お手植えの松も立派だが、八月中旬に咲く百日紅が、めちゃくちゃきれいだったことを思い出した。松本にいたころは、この温泉の常連でもあった。日暮れ時、露天風呂の上を優雅に滑空しているムササビがいたが、今も元気だろうか？

さて、ここまで来たら絶対に寄りたい店がある。浅間温泉の入り口にある「そば打ち楽座《らくざ》」だ。松本在住のとき毎日お世話になったお蕎麦屋さんは、今でも年に一度は顔を出す。店主おすすめのお酒と肴をいただく。そして蕎麦を手繰《たぐ》る。こだわりのない蕎麦には、店主のこだわりがあふれている。その芸術的に美味しい蕎麦をいただくと、自然と笑みがあふれてくる。記念の歳の仕上げである。

さて、あといくつの温泉に入れるか？　なんて考える歳になってきた。これから入る温泉は、一つひとつ大切に感謝を込めて入りたい。

○データ

東石川旅館　長野県松本市浅間温泉1－29－3　電話：0263－46－1024

湯々庵　枇杷の湯　長野県松本市浅間温泉3－26－1　電話：0263－46－1977

そば打ち楽座　長野県松本市浅間温泉1－6－6　電話：0263－46－9750

東石川旅館の内湯

東石川旅館の貸切露天風呂

岩手の湯巡り

高田彩朱

パパと盛岡へ

達人会の総会に合わせて、パパと岩手県の湯巡りをしてきました。盛岡駅まで新幹線で行って、レンタカーで巡る二泊三日です。「こんなチャンスは二度とない」と、パパがJR東日本の「トクだ値50」と、コスパのいいレンタカーが取れたと大喜び。

大宮と仙台しか停まらない「はやぶさ7号」に乗り、東京から二時間一〇分で盛岡に着きました。小学生のころ、車でノンストップ六時間というのを何回か覚えてますが「はやぶさ」は超速いです。

昼は何を食べようかと、新幹線の中でググりながら「辛いラーメン」に決定。温泉とは方角が違うらしいですが、カーナビに従うと真っ赤な看板がいかにも辛そうな「路山《ろざん》本店」に案内されました。二人で「青南蛮ラーメン」を頼んだのですが、辛いもの好きなパパが「だめだ参った～」って、途中でギブ！ 辛さは私の方が強くなったんでしょうか。私は全部食べちゃった。

パパが知らないという、お仲間に教えてもらった温泉名を頼りに山道をひたすら走っていくと、何だか見覚えが。未湯でもないし混浴でもないと気付いたパパは、ぶつぶつ言いながらパス。

雨は降っているけれど所々紅葉が残っていてきれい。どんどん山を登って目的地に向かっているとき、事件が発生しました。この先にはコンビニがないことがわかったのです。ハイボールはたくさん持ってきたのですが、氷が足りないようです。些細なことのようですがパパにとっては大事件なんです。仕方なく、何もなかった来た道ではない、人が住んでいそうな方向へ降りていくことにしました。五キロほど行くと小さな小さな酒店があったのでダメ元で寄ってみたら、なんと氷を売っていました。麓まで降りるのを覚悟していただけによかったぁ。

はやぶさ７号、東京駅

青南蛮ラーメン。真ん中にあるのは青唐辛子

そういうこともあって、盛岡から四時間かけてやっと最初の温泉に着きました。松川温泉「松楓《しょうふう》荘」は縦に長ーい建物で、湯治風なお宿。とっても渋い。雨と風がきびしいけれど、揺れる吊り橋に強風で壊れそうな傘をさして「岩の湯」へ渡ります。さぶい～。

三〇メートルほど先の、青白く濁る好きなタイプのお湯にたどり着きましたが、脱衣所はあるけれど衝立がないので、知らない人がいたら入れないシチュエーションです。湯浴み着に着替えるまで、後ろを見ててくれればいいんですけどね。ラッキー、誰もいません。お湯に浸かって周りを見回すと、なんだかアトラクションをやってる気分。

　お湯から出ると湯浴み着はズンと重くなって、持ち歩けるようなものじゃなくなるのですが、パパがギューッと絞って軽くしてくれます。

　建物の奥にもう一つ混浴露天風呂があって、こちらは女性専用の脱衣所があります。露天風呂へはちょっとした仕切りがあるので、お湯に浸かったまま行けるのがよいです。岩風呂よりだいぶ広くて一〇人以上入れる感じ。下を見ると、さっき吊り橋で渡った川が見えて、紅葉も鮮やかなお湯でした。

　ゆったりした内湯にも浸かって「もう出ようかー」と声を掛け合って、出てきたら午後三時半をすぎてました。

　まだ一湯しか入ってないのですが、今夜の宿に向かうことにします。明日、達人会の総会・納会を行う藤七温泉「彩雲荘」へ前乗りです。

極寒露天風呂！

　雨が降り続ける山道を登って、お宿に着きました。まだ夕方の五時前だというのに、もう真っ暗。

　急いで露天風呂へ行きました。女性内風呂で温まって湯浴み着を着て外に出ると暗ーい。あっちこっちに明かりは点いてるけれど、とても足りてません。ヘッドライトが頼り。冷たい雨と風で、いくつにも分かれる道に途方に暮れてしまい

松川温泉・松楓荘

岩の湯へ行く吊り橋

松楓荘の混浴露天風呂

紅葉を愛でながら入浴

松楓荘の岩の湯

藤七温泉・彩雲荘の露天風呂

ます。どこをどう通って行けばいいの？パパはどこ？

　モタモタしている間に、湯浴み着は冷え切って体温を奪い、足も冷えきってちょっとマヒしてきました。内湯に戻っちゃおうかしら。

　風にかき消されそうな声をたどっていったら、やっと見つけた！　あぁよかったこれで助かる！と湯に浸かってホッと安心です。あれ？待って、ぬるすぎない？　一度入ったら出られないアリ地獄にはまってしまったみたいです。

　あぁ、もうダメだ。このままでは凍えてしまう。覚悟を決めて内湯までの三〇メートルを猛ダッシュ！　でも、足元はとても滑る！　転びたくないよぉ！　内湯に飛び込んで、これで本当に「助かったぁ」。死ぬほど寒かったです。

　この日はテレビクルーが旅番組の収録をしにきていて、ほかのお客に混じって私たちも撮られました。オンエアされるようなことじゃないなと思ってたのですが、帰ってきてから、お仲間から「見たよ」とパパにメールが届きました。たまたま録画してあったので、よーく見たら「助かってよかったねー」って食堂で乾杯してる姿じゃないの。

　このお宿も渋いです。廊下が傾いていたり床がフワフワしていたり、激渋なところも多くあって油断できません。「さっきまであったはずの、トイレの小窓が一つなくなってた」って!?　風で吹き飛ばされたみたいです。

えっ!?　雪？

　翌朝、食事をして外を見たら雪！　そしてなんと、目の前の道路が通行止めになっちゃいました。これでは達人会のメンバーが上がって来られません。フロントに行ってみたらガラケー一台で対応していて頼りなさげ。パパがメンバーの部屋割り表に携帯番号を書き込んだのを渡して、宿の人と連携して連絡し始めました。ゲートで待ち合わせて、宿の車三台で迎えに行くことになったそうです。宿の車は通行止めじゃないのね。

　ひと通り連絡を終わらせて私たちは内湯で体を温めて、懲りもせずに露天へ行きました。昨晩より一段と気温が低くて、一段とぬるいです。むしろ冷たい。誰も

極寒のなかのぬる湯

カレーうどん

荒涼とした露天風呂風景

雪で通行止めになった

いないし荒涼とした景色で寒々。あと数日で今期の営業最終日という雰囲気であふれかえってます。あれ？ パパがお酒を持ってきてない？連泊なのに？ 寒すぎるみたいです。

二〇〇二年にここへ来たとき、すぐ近くにあった「国民宿舎 蓬莱荘」の廃墟を訪ねたのを覚えています。整然と食器が並ぶ厨房、きちんと桶が積まれた浴場、客室の畳は背中合わせに立ててありました。誰もいない宿というのは、何て不気味で悲しいものなんだろうと思いました。今は撤去されて何もないそうです。

昼食は二人ともカレーうどん。七味とマジックで書かれた入れ物の中身は一味。うれしいな。パパはハイボールも始めたぞ。

ちゃんと撮れた？

そうこうしているとお仲間がぞくぞくとやってきました！ 一年に何度も会えない人たちです。総会が始まる四時までに全員が揃いました。予定なら明日の朝に会報の表紙の写真を撮ることになっていたのですが、天気がどうなるのかわらないからと、今から保険として撮りに行くことになりました。みんなあの寒さを知らないからなぁ、うわー、大変だ。

内湯から露天に出た人から順番に、ヤバい日にヤバいことをしていて、急いでやらないとまじで死ぬと、即行で気が付いたみたいです。さすが、この道のエキスパート。ところがカメラマンがなかなか来ません。やっと来たと思ったらカメラが動きません。まじかよ！バッテリーが凍ったって？ どうするんですかぁ。

パパが保険で持ってきたデジカメとスマホが役に立って、なんとか撮影はできました。ナイスパパ。暗雲たちこめるなかで撮影したのが今回の表紙です。どんな出来映えでしょうか。

総会も無事終わり、納会に突入。楽しい時間はいつもあっという間です。パパはいつものようにヘベレケになっちゃいました。

寒くなったので、酔っ払って寝ているのを横目にひとりで内湯に行ってきたのですが、帰ってきたら鍵が閉まってるじゃないですか。え？なんで？

パパがトイレに起きて鍵を閉めちゃったみたい。ドンドンドンドン！ 開けてくれーっ！ おーい！ しつこくドアを叩いていたら「どうかしました？」みたいな顔で出てきました。あー焦ったー。

次の朝、もの凄い雪です。露天風呂で写真を撮るなんてとても無理。映りがよくないのは確認済みですが、撮れただけまだよかった…。

帰り際、昨晩壊れた窓のことを思い出

松川温泉・峡雲荘の露天風呂

して、壊れたままひと冬越すのかと心配しましたが「板が打ち付けてあった」そうで安心しました。

朝食後、お仲間とお客さんは宿の車でゲートまで送られて、私たちは自分たちのレンタカーで降りていきました。こんなのも通行止めじゃないんですね。

こういうのって…

降りて直ぐのところに松川温泉「峡雲《きょううん》荘」があるので寄りました。ここは「日刊ゲンダイ」の、週末特別版のカラー見開きに連載が始まった第一回目です。このときの写真は、大雪の降る寒さで露天風呂にある脱衣所で湯浴み着に着替えることができなくて、風の来ない廊下でこっそり着替えてしまいました。パパも同罪です。

この日はなんとかできましたが、後から来たお客さんは皆さん、足跡が凍り付いた途端に帰っていきました。

次に寄ったのはお隣の松川温泉「松川荘」。大きな混浴露天があります。ですが、衝立に「ワニ参上！」と、いたずら書きが放置されてました。入ってくる女性の方が悪いみたいな雰囲気を漂わせる男が、あっちにもこっちにも。パパがいなかったら即脱出です。こういう人が混浴をやめさせてしまうことに繋がるのは、本当に悲しい。いざ自分が家族とか彼女と温泉に入りたいと思ったときには、もう取り返しがつかないっていうのに。

心ない落書き

松川温泉・松川荘の露天風呂

締めはグリーンのお湯で

山を降りて高速に乗り、国見温泉「森《もり》山荘《さんそう》」に向かいました。山小屋風のお宿で小粋で清潔感があふれてます。こういうの大好物です。

早々に混浴露天に行ってみたのですが、ここもやっぱりキツイ冷風が吹いてました。男女別の脱衣所で声を合わせて「行くぞ！」っと、一気に脱衣して露天風呂に飛び込みました。どこまでもきれいな紅葉が続く山々が望める素敵な露天風呂です。

でも、さぶーい。内湯で暖を取ってお隣の「石塚旅館」に行きました。某入浴剤が真似をしたんじゃないかと思うほど鮮やかなグリーン色の湯です。今は感じませんが、パパがママと来たころは、とってもおトイレ収集車の臭いだったそうです。ウケる。ちょっと嗅ぎたかった。

源泉は透明なのに湯船に入るとエメラルドグリーンになって、冷えて川に戻るころは、また透明になるここの温泉の様子を見て、昔と変わらないとパパは言います。

国見温泉から帰る途中で側溝に脱輪したおばちゃんの車を、パパの車に繋げた牽引ロープで引っ張り上げたそうです。「そう、ここだよ」。おばちゃんがお礼にと五千円札を渡そうとしているのをパパが断った、その当時の温泉パートナーだったママがビデオで撮ったものが、秘密裏にあるそうです。へぇー！そうなんだ！

いい加減に湯巡りを終わりにして盛岡に行かないと、「トクだ値50」で予約した新幹線に乗れない。「帰ろう！」、そうしましょう。

盛岡駅近くの居酒屋で「ＧｏＴｏトラベル」のクーポンをちゃーんと使い切って、「はやぶさ44号」に乗車。旅の思い出はつきなくて、東京駅まで何度も思い返し、笑いあったのでした。あー、楽しかった！

国見温泉・石塚旅館

国見温泉・森山荘

石塚旅館の露天風呂

森山荘の露天風呂

○温泉データ

松川温泉・松楓荘　8：00～20：00　６００円
岩手県八幡平市松尾寄木第1地割41　電話：０１９５-７８-２２４５
単純硫黄泉　64・4℃　ｐＨ５・７　成分総計０・３３０８ｇ／ｋｇ

藤七温泉・彩雲荘　8：00～18：00　６５０円
岩手県八幡平市松尾寄木北の又　電話：０９０-１４９５-０９５０
単純硫黄泉（硫化水素型）　８７・０℃　ｐＨ３・７　成分総計０・１７７４ｇ／ｋｇ

松川温泉・峡雲荘　8：00～19：00　６００円
岩手県八幡平市松尾寄木松川温泉　電話：０１９５-７８-２２５６
単純硫黄泉（硫化水素型）　６２・２℃　ｐＨ５・４　成分総計０・２１９ｇ／ｋｇ

松川温泉・松川荘　8：00～18：00　６００円
岩手県八幡平市松尾寄木松川温泉　電話：０１９５-７８-２２５５
（鶺鴒の湯）単純硫黄泉（硫化水素型）　３８・５℃　ｐＨ３・７　成分総計０・２６０２ｇ／ｋｇ
（新湯）単純硫黄泉（硫化水素型）　８３・７℃　ｐＨ４・３　成分総計０・４０５６ｇ／ｋｇ

国見温泉・森山荘　7：00～20：00　６００円
岩手県雫石町橋場　国見温泉　電話：０９０-１９３０-２９９２
含硫黄・ナトリウム-炭酸水素塩泉　４９・８℃　ｐＨ６・８　成分総計４・６０７ｇ／ｋｇ

国見温泉・石塚旅館　10：00～15：00
岩手県岩手郡雫石町橋場国見温泉　電話：０９０-３３６２-９１３９
含硫黄-ナトリウム-炭酸水素塩泉　４９・０℃　ｐＨ７・０　成分総計４・４３３ｇ／ｋｇ

四国の島に

五十嵐光喜

佐木島大平山にて

この春に三五年間務めた勤務先を退職し、旅人に専念することにしました。微々たる退職金で生活することとなったので、もちろん貧乏旅行です。

神奈川県横浜市の自宅をマイカーで出発。時間はあるけどお金はない。もちろん高速道路のような贅沢はできず、道の駅などで仮眠をとりながら、二日かけて下道を走って岡山県宇野港へ。

朝の船で豊島《てしま》（人口八六七人）へ渡り、壇山《だんやま》（しま山１００選・三四〇メートル・香川県）を登頂し、昼の船で小豆島（人口二八七六四人）へ渡る。小豆島では皇《おう》踏山《とざん》（しま山１００選・三九四メートル・香川県）に登頂。夕方の船で宇野港へ戻り、港の近くの瀬戸内温泉で入湯。道の駅で仮眠。

児島港に移動し、朝の船で本島（人口四四六人）へ渡り、遠見山《とおみやま》（しま山１００選・一〇一メートル・香川県）を登頂し、昼の船で児島港へ戻る。瀬戸大橋で四国へ渡り、健康長寿温泉で入湯。道の駅で仮眠。

丸亀港から朝の船で広島（人口三〇三人）へ渡り、コミュニティバスで登山口に移動。心経山《しんぎょうざん》（しま山１００選・二一三メートル・香川県）と王頭山《おうとうざん》（塩飽諸島最高峰・三一二メートル・香川県）を縦走し、昼過ぎの船で丸亀港に戻る。

いやだに温泉で入湯し、道の駅で仮眠。多度津港から朝の船で高見島（人口四三人）へ渡り、龍王山《りゅうおうざん》（しま山１００選・二九七メートル・香川県）を登頂し、昼の船で多度津港へ戻る。高瀬温泉で入湯し、道の駅で仮眠。

須田港から朝の船で粟島（人口二八九人）へ渡り、城山《じょうのやま》（しま山１００選・

二二二メートル・香川県）を登頂し、昼の船で須田港へ戻る。美霞洞《みかど》温泉で入湯し、道の駅で仮眠。

登山口に移動し、丸笹山《まるささやま》（花の百名山・一七一二メートル・徳島県）に登頂。湯之谷温泉で入湯し、道の駅で仮眠。本日は朝から雨模様のため休養日とし、架橋島（橋でつながる島）の九島《くしま》（人口一一五五人）に移動し、登山口で車中泊。

鳥屋ケ森《とやがもり》（しま山１００選・三二〇メートル・愛媛県）に登頂。ていれぎ温泉で入湯し、登山口まで移動して車中泊。

二ツ岳（日本五百名山・一六四七メートル・愛媛県）に登頂し、しまなみ温泉で入湯。しまなみ海道を通り今治大島（人口六〇三一人）に移動して、道の駅で仮眠。

亀老山《きろうさん》（しま山１００選・三〇八メートル・愛媛県）に登頂し、しまなみ海道に乗りパーキングエリアで仮眠。

生口島《いくちじま》（人口八九〇二人）で、しまなみ海道から降りる。雨が降っているので、生口港から朝のフェリーで車ごと岩城島《いわぎじま》（人口二〇三五人）に渡る。昼ごろ雨が上がったので、積善山《せきぜんざん》（しま山１００選・三七〇メートル・愛媛県）に登頂。

菰隠《こもがくし》温泉で入湯。なんと、ここには当会代表の飯出さんの雑誌の記事がコピーして張り出してありました。残念ながら、この日帰り入浴施設は今年四月で廃止になったそうです。

夕方のフェリーで因島《いんのしま》（人口二七五三〇人）に車ごと渡る。重井《しげい》西港に移動し港の駐車場で車中泊。

朝の船で佐木島《さぎしま》（人口七七六人）へ。大平山《たいへいざん》（しま山１００選・二六八メートル・広島県）を登頂し、昼の船で重井西港に戻る。因島では白瀧山《しろたきさん》（しま山１００選・二二六メートル・広島県）を登頂し、しまなみ海道を通り一〇日ぶりに本州に戻る。

ペーロン温泉で入湯し、道の駅で仮眠。

帰りも道の駅などで仮眠をとりながら、二日かけて下道を走って神奈川県横浜市の自宅に無事に帰還。

今回は退職後初の長期旅行で一六日間の旅でした。

現役中には船の欠航を気にしたりして、連続島旅はなかなかできませんでしたが、その心配もなく毎日島に渡って山に登って、クタクタになりながら歩きました。

亀老山からのしまなみ海道

湯巡り旅の相棒

武田 出

「武田さんって、毎年バイク換えますよね？」と、当会の青沼氏から言われたのは、ほぼ四半世紀前。

野湯へドンドンはまっていったきっかけが、バイク雑誌での彼主催の秘湯野宿宴会だったことは会報二号でふれたが、確かにこのころは車バイク合わせて年間で地球をほぼ一周（四万キロ）していたころであり、様々な理由で乗り換えを頻繁に行っていたころだ。

当時はバイクのメッカともいえる浜松付近に住んでいたこともあり、通勤も含め普段の足も冬でも車よりバイクを利用するくらいであった（あのあたりは暖かいからね）。温泉巡りも基本はバイク。雪の温泉は、さすがに車だったが…。

このコロナ禍で、まったく温泉に出かけなかった昨年のゴールデンウィークから今年の夏まで、過去の写真を見直す機会があったが、その当時に乗っていたバイクの写真を見ていると、なかなか懐かしい思い出がよみがえってきた。

◇

カワサキ　KLE400（初代）

バイク雑誌の広告で一目惚れしたバイク。長距離ツーリングの楽しさを教えてくれた。一九九一年は日本本土最南端（鹿児島佐多岬）と最北端（北海道宗谷岬）に行った。車台番号60番。出来立ての一台。

積載能力も高くオンロードバイクの二気筒を積んだオフロード仕様のため、高速道路での移動もストレスがなかった。普通の会社員ではあるが、一九九一年の走行距離はこれ一台で二〇〇〇〇キロを超えた。ただ、ガレた林道ではその重心の高さと重さのため、取り回しは通常のオフロードバイクとは比べものにならないくらい（私には）厳しかった。

一九九二年、前年の楽しかった北海道をもう一度楽しむべく早々に有休を取り北の大地へ向かうが、思わぬトラブル続発のため手放すことになる…。

この年も前年と同じく東京～釧路間のフェリーで二晩過ごし、翌朝に釧路へ上陸。港から釧路湿原方面へ。眺

購入年	車種	期間	走行距離
1990年	スバル　レガシイツーリングワゴン（4輪）	10年	約20,5000km
1991年	カワサキ　KLE 400	1年3カ月	約31,000km
1992年	ヤマハ　セロー	8カ月	約7,000km
1993年	カワサキ　KLE 250　アネーロ	2年4カ月	約32,000km
1993年	ヤマハ　TW 200	約22年	約60,000km
1995年	カワサキ　KLE 400	約21年	約50,000km
1999年	カワサキ　KSR 80	18年	約11,000km
2000年	スバル　フォレスター（4輪）	8年	約260,000km
2008年	スバル　アウトバック（4輪）	13年	約360,000km
2016年	ヤマハ　ツーリングセロー　250	現役	数百km
2021年	スバル　フォレスター（4輪）	現役	乗り始め

めのよさそうな場所を求め、荷物満載のバイクで未舗装の道をヨタヨタと進んでいると案の定…あ、こけた…。フカフカの砂道の轍でタイヤを取られたようだ。なんか幸先よくないぞ？

　第一湯目に奥摩周の某秘湯へ寄るも外来お断りとのこと。その代わりに紹介された無料の水車の脇の露天風呂。手をつけてみると「あちぃ！」。埋める水もなく時間もないので、ここは残念ながらあきらめ。思ったようには進まない。そのまま屈斜路湖へ。

　湖畔の野天風呂へ浸かり、砂湯キャンプ場にてテント泊。ソロキャンプって最近すごく流行っていますが、一応こんな感じで三〇年も前からやっています…。

　翌日も、バイク雑誌で気になっていた津別峠の下にある秘湯へ寄ってみる。木の浴槽がぽつんとひとつ。手を浸けるとぬるめの適温。喜び勇んで浸かろうとするとツルツル滑って危うくこけそうになった。「ここ危ないからね。こないだも怪我して救急車で運ばれてった人がいたよ」と現地の人のお言葉。ちなみに、これから施設の工事が始まるそうだ。

　その後、網走方面へ気持ちよく移動。小清水の原生花園で写真休憩。さあ出かけようとエンジンスターターを押すと「パーン」という大きな音が響き渡る。なんじゃこりゃ？　ともう一度スイッチを押すも「カチ、カチ」とエンジンがかからない…。

　とりあえず装備含めると、重量二〇〇キロを遥かに超す車体を汗だくだくで押し始めるも、このあたりにバイク屋どころか建物すら見当たらない。押し続けること一時間以上、北浜の自動車修理工場へ飛び込んだ。セルモーター周りを開けてみると、セルモーターからのチェーンが切れていた。

　これってどうするの？　電話を借り（このころ携帯電話なんて持ってなかったからね）、静岡の行きつけのバイク屋と連絡をとると、北見にバイク屋があるから引き取りにきてくれるという。部品は明石のカワサキから空輸してくれるとのこと。関係者の素早い対応のおかげで、三日後にはまたツーリングを再開することができた。ただ一週間の三日は大きいけど。

　足止めを食った中日をどうしていたかといえば…、路線バスで原生花園、観光バスで網走監獄とか回っていました。

　さて、もう北を回る時間はないので大雪から南下のルートへ変更。岩間へ寄ってみよ

熱くて断念した、奥摩周温泉の野天風呂

屈斜路湖畔、和琴温泉の露天風呂

津別峠下にあった野天風呂

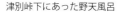

岩間温泉

バイクで渡るのを断念した、岩間温泉手前の沢

観光バスで回った網走監獄

う。ダートはいやだと言いながらも、温泉が先にあれば行かざるを得ない。林道を一五キロほど走ると沢が前方に立ちはだかる。荷物が少なければトライもするが…、この先すぐと聞いていたのでここは無理せず、バイクを置いて歩いて渡った。左手にある沢をもう一度渡れば、四角い湯船に湯がたまっている。熱い源泉を沢水で埋めた適温の湯船にしばし浸かる。

　この後、林道を下り国道二七三号へ向かっていると何やらシャラシャラと音がする。ぱっと見おかしいところはなさそうなので、先を急ぎ池田町の牧場の家のキャンプ場へ。荷物を降ろそうとバイクから離れた途端、下りた側の反対の右方向へゆっくりと傾きそのまま倒れ、ドミノ式に隣のフルカウルのZZRを巻き込む…。哀れカウルはバキバキと。

　持ち主に保険で直しますと、連絡先の交換後は仲よくライダー通しのお付き合いで夜は更けていった。

　翌朝見送ってくれるライダーたちに、颯爽《さっそう》とピースサインを出し出発。加速しようとアクセルを開けた瞬間に後輪がロック！　バイクのリアを振りながら転倒寸前で停車。見送ってくれた仲間も「なんだなんだ」と集まってくる。調べてみるとフロントスプロケットがはずれている。どうやらチェーンのテンションが張りすぎで、その力がフロントのスプロケットにかかり耐えられなくなり吹っ飛んだらしい。

　昨日のシャラシャラ音はこれか。その後の転倒の衝撃でさらにずれたのか？　山の中ではずれなくてよかった…。

　メンテ得意な人に応急修理してもらい、なんとか走行可能になった。

　時短を強いられた今回の旅。金曜の朝に小樽からの出港。とりあえず走るかということで、襟裳岬を回り苫小牧《とまこまい》方面へ。虎杖浜《こじょうはま》温泉のライダーハウスブンブンハッチ号で一泊。温泉で温まって、同宿のライダーたちと楽しい時間を過ごした。

　翌日は登別温泉からニセコ方面へ。湯本の雪秩父で入浴。この上の小湯沼《こゆぬま》が巨大な野湯という情報はあったが、本日はタイムアップ。明日は朝から移動。来年も来るぞ！

　金曜の朝、小樽へ出港。土曜早朝に新潟着。知り合いと待ち合わせしている榛名山のガラメキ温泉を目指す。私にとって初のガラメキ。当時はここへの到達は超難関。ガレた林道で道を間違えると、あっという間に急斜面。北海道帰りの荷物満載のこのバイクは、たちまちバランスを崩

初ガラメキ。冷たいけど、気持ちいいぞ〜

ニセコ大湯沼

虎杖浜温泉・呉竹荘ブンブンハッチ号

し転倒。急斜面のため起こすのも困難で、バイクを起こすには斜面に対し水平にするのに引きずって回転させるしかなく、バイクは傷だらけ。で、こけたのは一回じゃないんだな。タンクも凹み、この後の下取り価格が数万円下がったのはいうまでもない。

　汗だくだくでやっとの思いで見つけたガラメキ温泉。この三〇度くらいの湯が妙に気持ちよかった。

　行きつけのバイク屋に帰着の報告とお世話になったお礼で寄った際に、思わずセローを注文して帰宅したのだった。

ヤマハ　セロー　225

クセのないツーリング優等生バイク。どんな所でも安心して出かけられた。ただ、逆にクセの強いバイクを求め八カ月で手放す結果に。実質一九九二年後半のみの使用で、ほぼほぼ信州エリアでの活動に終わってしまった。

◇

カワサキ　KLE250
アネーロ

KLE400の弟分。積載能力の高いオン・オフツアラー。派手なカラーリングが映える。足の長くない私でも足つき性ばっちり。ツーリングには最適の一台。250CCツインで高速道路は楽々。ただし燃費は…。

　一九九三年ゴールデンウィーク　初めての東北ツーリング。一九九一年に北海道の帰りに八戸から静岡まで走ったが、すべて高速。事実上、今回が初東北。

　高速はいわきまで。仙台まで延々国道六号で北上も冷たい雨の中。コットンコットン小気味のよいリズムを感じながら、ふと気付けばこれはパンク！　気付くのが遅れ応急処置するも、チューブは交換

半年だけだったセーロー。横手山にて

数少ないセローでの温泉巡り。蓮華温泉仙気ノ湯

セローで行った奥日影の湯

必要。仙台でバイク屋へ直行。雨は霙《みぞれ》に変わっている。進む気力もなく市内のペンションに二泊。中日は町なか用の服がないので、モトクロスパンツにオフロードブーツで町へ出かけ、映画館で見た映画は「ロボコップ」。

翌日は天気回復したので北上。東北地方の初入湯は奥薬研温泉かっぱの湯となった。温泉で知り合ったライダーと意気投合し、キャンプ場では楽しい一夜。

翌日、大間港へ寄ってみると、函館からのフェリーが到着。見ていると無性に乗りたくなり、気付けば函館へ。水《みず》無《なし》海浜温泉に寄るも、潮の加減で湯量はいまいち。川汲《かっくみ》温泉でのキャンプでは、またもや雪混じりの冷たい雨に閉口。翌日は函館見物後市内のミートハウスへ逃げ込んだ。このライダーハウスは若者でいっぱい。当時まだ三十手前の私でも最年長というすごい世界であった。夜はオーナー交えて定番のミーティング。円形になり順番に自己紹介。「浜松から来ました」「浜松ってどこ?」「何が有名ですか?」「バイクです」「え?」「バイクメーカー三社はあのあたり発祥なんですが…」(みなさんバイク乗りでしょ…)。

翌日、フェリーで青森へ渡り南下。岩手の松川自然休養林野営場へ寄る。キャンプサイトは雪に囲まれているが、なんといっても二四時間入浴可能な温泉「マグマの湯」があるのが、ありがたい。

ここでは天気にも恵まれ、きれいな満天の星空の下、快適な夜を過ごせた。

◇

一九九三年、忘れられない夏。

当時、お盆休みのない代わりに自由に有休の取れたありがたい会社に感謝しつつ、三年連続早めの夏休み。これまた、三年連続で東京から釧路へ向かった。前年のトラブルで行けなかった瀬石《せせき》温泉、二年ぶりのカムイワッカを楽しみ、後半はニセコへ移動。五《ご》色《しき》温泉のキャンプ場で出会ったライダー二人を誘い、七月一二日の朝にニセコパノラマラインを走り、途中から藪漕ぎ(ひとりだと怖いから誘ったんだよね…)。二〇分ほどで小湯沼へ到着。

小湯沼自体はちょっと温度が高かったため、適温だった流れ出る沢へ入浴。泥だらけになりながらも初めてのワイルドな体験に、誘ったライダーたちも大喜び。彼らと積丹《しゃこたん》半島方面までつるんで走り、神威《かむい》岬でお別れ。私は南下し岩内の道の駅で公衆電話ボックスに入り、翌日のフェリーの確認(携帯まだありません)。

国後島を望む、瀬石温泉

星の降る、松川自然休養林野営場

東北第1湯目の奥薬研温泉かっぱの湯

少し走り、ガソリンスタンドでガソリン代を支払おうとすると…あれ？　財布がない…。あ、公衆電話だ！　戻ってみたが何もなし。ああ、やっちまった…。ちなみに当時から過度の心配性の私は、予備の旅費を隠し持っていたので助かった。免許証を別にしていたのも不幸中の幸い。交番で紛失届を出すも、まあだめでしょう（結局戻って来ず）。なんとかクレカも止めてひと安心。現金二万五千円くらいと、当時北海道ではあまり使えないハイウェイカードが一万五千円分くらいの被害で済んだ。

さすがに落ち込んだ気持ちで出発。とりあえず日本海沿いを南下。どこまで行こうか？　この海岸でキャンプもいいかな？などと考えながら走っていたが、どうも気持ちが乗らず。海はきれいだが空はなんとなくどんよりしているのが妙に気になり、普段ならもうテントを張っている時間だが（おそらく瀬棚あたりで）、山越えて噴火湾側へ行こうと思い立った。長万部のキャンプ場へ着くころはもう暗くなっていて、晩飯食ってひと息つき、ウトウトし始めた夜の一〇時すぎ…。突然何かに突き上げられたような感じ？　何かに掴まりたいがここはテントの中。うつ伏せになって手を広げても体がばたつく。何じゃこりゃ？

ラジオをつけてみると緊急報道がものものしい。このあたりで震度五くらい。震源地は近くらしい。津波情報も流れてきたが、詳細がわからずウトウト寝入ってしまった。翌日はなぜか町の人たちが大勢キャンプ場にやってきている。どうやら電気・ガス・水道などに被害があったよう。でも、我々キャンパーは普通に過ごしていた。

ラジオを聞いていると、どうも今いる長万部からは北へも西へも南へも行けないとの情報があった。私が今日乗るフェリーは東の苫小牧。まあなんとかなるのかな？　とりあえず近くの二股ラヂウム温泉へ寄ってみると、入浴できるが地震の影響で、露天と内湯も四つのうち二つの浴槽が割れて湯がたまらないとのこと。でも当然入浴します。この鄙びた感じ＋地震直後もあいまって、不思議な感覚での入浴体験だった。

すぐ近くの国道五号は陥没、そこにトラックが落ちている姿。函館本線の線路が浮いている姿を目の当たりにし、地震の破壊力のすごさを感じたが、この後に無事フェリーに乗ってテレビで初めて津波後の火災の映像を見て、さらに

地震の爪痕、国道５号線

キタキツネにこんにちは。二股ラヂウム温泉にて

ニセコ小湯沼から流れ出る沢

寒気を覚えた。あとで調べるとテントを張ろうかと思った海岸あたりでも、三～五メートルの津波が来ていたらしい。

この後、一九九五年には阪神淡路大震災、二〇一一年東日本大震災など大きな地震が起るが、私にとっての最初の衝撃的な大きな地震の体験だった。

アネーロは乗りやすくいいバイクだが、この一九九三年はなぜか雪に悩まされたのが理由で、以前から気になっていたTWも購入。二台体勢になった。

ヤマハ　TW200

ず太いタイヤが特徴のTW。どんな所でもトコトコと入って行ける。歴代のバイクのなかでは走破性という意味では、最も安心できたバイクだった。

燃費はよいがタンクが小さく（七リッター）、常にガソリンの心配。一時期某テレビドラマのおかげで人気車に。

このバイクをこよなく愛する仲間の集まりも、何回か参加。同じバイクが二〇台近く集まった姿はなかなか。皆で走っている姿を知り合いの温泉仲間が目撃したそうで、滑稽で思わず笑ってしまったらしい。

◇

一九九四年ゴールデンウィーク。釧路へ到着すると、フェリーターミナルは積雪で真っ白。オンロードバイクのライダーたちが慌てふためくなか、オフロードバイクのライダーたちは何食わぬ顔で出発。通常抜くことのできないフルカウルのオンロードバイクを、たかだか一六馬力のバイクでトコトコと抜いていける快感はなかなかないぞ？？

雪の降るなか寄ったコタン温泉では、白鳥と一緒に入浴写真を欲張ったが、残念ながらセルフタイマーで私が入浴すると逃げられてしまった。ショートスキーも積んでいたので、途中大雪山界隈でスキー場のはしごをしながらのよくばりツーリング。雪の残るキャンプ場での宿泊となった。本州へ戻ってからも道中は雪の中。渋峠で最後までスキーを粘った。

滑らなかったが、途中に寄った八甲田は春スキーの聖地。来年はここかな？　実際その翌年から現在まで毎年やってくることになろうとは、この時は知る由もない。

◇

一九九六年夏。初めてのANAスカイツーリング。

青沼氏から、野口悦男氏と大雪山を一緒に回るがどうですかとのお誘い。ちょうど予定も合ったので、スカイツーリングなるものを使って行ってみた。これは飛行機に荷物

今日まで続く八甲田デビュー

海岸には流氷が打上げられている

雪のコタン温泉と白鳥（逃げられたけど）

西沢温泉跡入り口

刈払いされている、西沢温泉への道

トムラウシキャンプ場でベースキャンプ設営

としてバイクを積み、バイクと同じ便で現地往復、指定された宿泊施設のなかから最低一泊どこか泊まるというシステム。バイクを運ぶということを考えれば、それなりの料金設定だった。

　飛行機では運べないガスカートリッジは、現地で調達。集合場所のトマムで皆と合流。翌日ベースとなるトムラウシキャンプ場へ。初日はトムラウシ川を四時間ほど遡《そ》上《じょう》した所にある、東大雪地獄谷へ。道がないはずのエリアに踏み跡があり、たどっていくと、それが獣道だと初めて知った。

　帰りに寄った西沢温泉跡。なぜか刈り払いされており、沢を降りてみると、そこには重機を使用しての施設が。木の浴槽があり、すのこまである。看板には「さわなか温泉」の文字。ここがこの後、大問題となる。翌日は湯の滝へ約四〇分のカバの沢遡上。林の中を歩いていると突然何やら強烈な〇〇臭。これってまさか（ヒグマ）？　慎重に慌てずその場を通過。何事も起らずほっと胸をなで下ろした。

　湯の滝では木の湯船と滝上に真っ黒な湯だまり。木の浴槽は割れているのかたまらないが、豊富な湯量を浴びながら気持ちよく入浴できた。

東大雪地獄谷温泉

　翌日は、大雪高原方面へ。登山道沿いに湯だまり、噴気の箇所も。ヒグマの目撃があったそうで一部は立入りが規制されていた。

　この後、熊谷温泉跡「通称・さわと温泉」へ寄り解散。私は糠平温泉の、ぬかびらキャンプ場にテントを張った。糠平温泉で入浴後、その晩のラジオのニュースで耳を疑う…。「自然公園法違反で関係者書

西沢温泉跡にあった立派な湯船

さわなか温泉の看板

類送検」。え？　さわなか温泉？　つい二日前に行きましたが…。
　当時何カ所かあった同じような湯船が、この一件でことごとく原状復帰となった（その日に入った、さわと温泉も然り）。翌日は温泉民宿に泊まり、前日の新聞を見せてもらい、その記事を確認した。
　その後は、単独での道東の温泉巡り。硫黄山温泉は、その白濁で硫化水素臭と見下ろす原生林の眺めが、なかなか素晴らしい。この旅の最終夜は、スカイツーリングの指定宿、屈斜路プリンス泊。今までの宿泊場所とはまったく異なり、逆に落ち着かない。翌日も気に入ってしまった硫黄山温泉へ再入湯。そのまま中標津空港から羽田へＴＷと共に飛んだ。狭い飛行機の中、強烈な硫化水素の匂いで搭乗してすみませんでした。

湯の滝温泉

◇**カワサキ　KLE400（再び）**

　長距離の楽さが忘れられず再び乗ることに。ＴＷと並び、長きにわたり南紀から北海道まで温泉巡りを一緒に楽しむことになった。その一部は過去会報でも報告済。

◇**カワサキ　KSR-2**

スクーター以外では初めての2スト。いわゆる原付二種。一般道で普通車にひけをとらないダッシュ力。頑張れば長距離ツーリングも可能。

　二〇〇〇年の年末、伊豆大島。原付だと運搬費が安いということで、このバイク向けの企画。なんと同じバイクも三台集まるという。竹芝桟橋で夜発の大型船の手続きを待つ間、おもちゃみたいなバイクが三台並んでいる姿はなんとなく微笑ましい。

　翌朝、大島へ上陸。伊豆からやってくるという仲間を待つ間、同じバイク三台で行動を共にする。バイクの大きさ、パワーが同じなので同じようなタイミングでのコントロールで走ることができて、なかなか楽しい。時間調整で寄っ

3 台揃って休憩中の KSR

営業していたころの、大島の青木温泉

新草の湯

草の湯

安比温泉

た大島温泉ホテルの露天からの三原山の眺めは、なんとも圧巻。

夜は名産品くさやの干物をバーナーであぶり食す。旨いけど匂うんだな、これが。翌日は皆さんと裏砂漠の立入り可能な所まで行き、そこでお別れ。浜の湯の露天では、残念ながら展望はかすんでいた。

◇

二〇〇四年夏。

原付は高速を使えないので、初日は栃木からひたすら国道を北上。翌日は温泉仲間を安比温泉、草の湯、新草の湯に案内。現地では小回りが利き、意外に便利な乗り物。その晩のフェリーで渡った北海道は、この夏の異常な暑さ。

涼を求め東へ。宿泊した幕別のホテルは、冷房がないため蒸して寝られず。翌日、釧路手前あたりでぐっと気温が下がってきた。道東の温泉を巡り、川湯温泉でとある温泉ホテルへ宿泊。皆が寝静まった夜中に突然の非常ベル。「なんだ、なんだ？」とホテルの外へ飛び出すも、ほかに誰も出てこない。しばらくすると半信半疑でやっとぞろぞろ人が出てきた。本当に火事だったら皆さん焼け死んでいますね。

結局、異常に蒸した暑い日が続いたため、火災報知器に水がたまり誤作動したとか…。勘弁してほしいなあ…、ま、作動しないよりいいか…。道東も涼しいが、標高上げて十勝岳界隈で避暑。白金温泉まで来ればさすがに涼しい。

西へ向かい、支笏湖畔オコタンキャンプ場へ向かう。途中、伊藤温泉の近くでなんと歩きでこっちへ向かっている外国人の女の子二人組と遭遇。札幌までヒッチハイクで行くそうですが、車の走っている国道まではあと三〇分くらい？　原付バイクでは、さすがに送ってあげることはできない…。頑張れ！

安比まで延々と、４号線を原付で走りました

◇

四輪編

皆、若かりしころは基本バイクでの湯巡り。四輪は冬場の使用であったが、そのうち効率を考えるようになり、さらに楽さ最重視となり、最近はほとんど四輪での旅が主となっている。

レガシイツーリングワゴン

先代レオーネに換えて、事実上スキーと温泉巡りを始めた一九九〇年に購入。予算は、上級グレード買う金より遊ぶ金を選んだ結果、一八〇〇CCを選択。結果オーライでした。

一九九七年、静岡から栃木へ移動した際にもらった栃木ナンバーが、77の2626。そういえば栃木への移動の引っ越し会社の連絡先が、フリーダイヤルの77の2626だったのは単なる偶然？

ちなみに、後付けの語呂合わせは「風呂風呂」もしくは「野に露天風呂」。基本的に雪のシーズンとかに、皆でまとまっていく集まりでの使用。リアシートを倒せば、フルフラットで足を伸ばして寝ることができ、車中泊も楽々。ところが、二〇〇〇年ゴールデンウィーク直前で、出勤途中の事故によりあえなく廃車。

フォレスター

買ったときの基本コンセプトは、前回のレガシイと同じです。ターボなし。ナンバーは選べるということで1126（いい風呂）にしました。

◇

二〇〇〇年、立山、白山へ。温泉仲間の先生が、立山新湯温泉調査目的のため現地の通行許可証を入手したので、車を出してほしいとのこと。これはとんでもなくラッキー。車をもってなければ誘ってもらえないところだ。

仲間とは長野と入山口の折立で合流。実はこの立山温泉および新湯は五年前に二〇キロ歩くつもりで来たのだが、なんと現場の人のご好意により車で送ってもらえたのだ。この回と合わせ二回とも楽をすることができた。現在、ここは歩きでも通行許可が出ないなど、行くこと自体かなりハードルの高い場所になっているようだ。

立山で二日、白山界隈で二日、メジャーな野湯とマイナーな野湯を存分に楽しめた。

車で大人数で行くのもなかなか楽しい。昨年の会報に載せた、楽しかった野湯もこのフォレスターでまとまって行ったのだった（二〇〇五年）。

調子よかったフォレスターも、二〇〇八年に二六万キロで突然不具合が続出。残念ながら手放す結果となった。

アウトバック

二〇〇八年以降本会報に載せる温泉旅は、この車で出かけることが多かった。ナンバーは引き続き一一二六。

お月さんまでの距離（約三八万キロ）の走行距離を目指したが断念も、今年、車を手放すころにやってきたスーパームーン（三六万キロ弱）までは、なんとかいけたようだ。

さて、来年の会報では、来年のネタを披露したいところですね。

立山新湯の湯だまり。目前に雪渓が迫る

歩き2時間、岩間温泉噴泉塔の湯

独断と妄想の温泉マイベスト　番外篇その2

妄想温泉辞典

井澤俊二

頭の中の妄想で繰り広げられる温泉の世界を、独断でぶちまける隔号連載のこのコーナー。ネタ切れなのか、飽きたのか、前回に引き続き番外編でお湯を濁す。今回は妄想の極み、温泉辞典をどうぞ。

【足元湧出《あしもとゆうしゅつ》】 湯船の底から源泉が湧き出る、全国的にも希少な温泉形態。大抵は気泡とともに湧き出るので、体感的にも視覚的にも気持ちよい。何より大地の恵の源泉がピュアなまま体に直接当たる心地よさ。法師温泉の法師乃湯に四つある湯船の、あの角とあのあたりがよい塩梅なんだとか、郷緑温泉は立ち寄り三〇分制限じゃ足らないなどと言い出すと、あなたもすっかり足元湧出の虜です。

【あーっ】 温泉に入ったときの第一声。お湯に身を沈めたときに思わず出てしまう声。ほかに「うーっ」「はぁぁ」「くーっ」などがあるが、これはビールを呑んだあとの「ぷはーっ」にも通じる、極めて人間的な所作。どれを発するかはお好みでいいが、けっして「あーっ、この瞬間のためにがんばってきたんだぁー」などと口走ってはいけない。

【熱湯《あつゆ》】 概ね湯温が四三度以上だと「あっちぃ」という言葉が出る（筆者談）。激熱の湯に入るときは、まずは足を膝まで入れて慣らせばあとはなんとでもなる（湯泉津温泉の元湯で会った常連客談）。共同湯でたまに見かける「あつ湯」「ぬる湯」の看板は、得てしてあてにならないことがある。ぬる湯が熱く、熱湯が激アツというパターンも。熱湯に慣れた地元民は、熱くないと入った気がしないという人も多いが、そういう人でも猫舌の人がいるのが不思議。

【アブ】 露天風呂を急襲するハエの一種で湯人の天敵。その攻撃力はF15戦闘機に匹敵するといわれている。もはや、退散するしかあるまい。

【いい湯《ゆ》だな】 日本各地の温泉を唱ったご当地ソング。古くはデューク・エイセスのヒット曲だが、のちに流行ったザ・ドリフターズバージョンのほうが馴染みがある人が多い。『8時だヨ！全員集合』のエンディングの替え歌『ビバノン音頭』の影響が大きく、元歌の歌詞を覚えている人は少ない。「宿題したか？」「歯磨けよ」「温泉入ったか？」

【飲泉《いんせん》】 温泉を飲むことによって効能を得る療法のひとつ。飲泉できるかどうかは、源泉そのままであることが必須。湯口にコップが置いてあるか、飲泉所があるのが飲泉可の目印になる。まれに可ではない温泉でも、湯口に近づき手のひらに湯をすくい、口に含んでふむふむという顔をする人がいるが、その人は温泉マニア（該当項参照）なので、ほっといてあげよう。

【打《う》たせ湯《ゆ》】湯口が高所にあり、その高度差を利用した湯の勢いで、体へのマッサージ効果を図る湯の利用方法。肩に当てるのが一般的だが、頭に当てると修行僧になり、腰に当てるために前屈姿勢になっている裸の人を見ると、「女王さま、もっとぉ！」という心の声が聞こえてくる。

【海温泉《うみおんせん》（造語）】山歩きでしか行けない山温泉に対して、海のそばにある温泉。醍醐味は海が見渡せる露天風呂。黄金崎不老ふ死温泉って最高だぜい。あらやだわ、伊豆の赤沢日帰り温泉館が素敵よ。ワシは北川の黒根岩風呂がよかった。昔は混浴だったのになぁ、と遠い目をするおっちゃん、遠い目でアメリカは見えたかな？（わかる人にはわかる）。

【エロ温泉《おんせん》（造語）】ひと昔まえまでは、歓楽温泉地にあるアルアルがヌード劇場。ようはストリップ小屋なのだが、ヌード劇場という隠微な響がいかにも歓楽温泉っぽい。宿でも夜な夜な「お座敷ストリップ」なるものが開催されていたりした。宿の一室で百戦錬磨の踊り子さんが、様々な芸（技）を披露してくれるエロいショー（筆者友人談）なのだが、時は昭和のころ、野郎二人で加賀温泉のとある立派な温泉ホテルに泊まったときのこと。夕食後に中居さんが部屋にやってきて、これから奥のお部屋でショーがありますがいかがですかと聞いてきた。バイクの長距離移動で疲れていたからお断りしたけれど、今となっては見ておけばよかったかなぁ（あくまで、後学のためです…）。

【塩素消毒《えんそしょうどく》】循環（該当項参照）の湯遣いの場合、消毒のために塩素が投入される。加熱のためだけの循環使用もあるが、たいした湯量もないのにつくられた宿や施設、大勢の人が入る風呂などは、湯を濾過して再利用するため衛生上レジオネラ菌対策で塩素消毒をする必要がある。なかには、湯屋に入った瞬間にプールの匂いがする施設もあって、そんな温泉は即退散だ。かけ流しの湯にも、条例に塩素消毒を明記している府県もあるが、温泉分析書とともに張ってある湯遣い表で塩素消毒ありとなっていても、実際は入れていない温泉も実はある。湯守（該当項参照）のひそかなレジオネラ、でなく、レジスタンスである。

【お着《つ》きのお菓子《かし》】客室に入ると、机の上でまず目に入るのがこれ。低血糖での入浴による貧血防止のためのものだが、多くは売店にあるお菓子なので、お着きの試食ともいう。

【温泉《おんせん》】温泉法が定める条件を満たした湧き水のこと。二五度以上あれば成分なしでも温泉。または、一九の成分のうち一つでも一定分量があれば温泉。これ、例えば二四・九度とかだったら温泉じゃないわけ？　まあ、地獄谷の猿たちには関係ないことだけど…。

【温泉《おんせん》タオル】温泉に入るときに持ち込むタオル。通常は宿のアメニティでいただける。宿の名前入りだとなおうれしい。温泉マニアは独自のタオルを持参する。それはオレンジ色だったり、「いいゆ！」という暗号のようなネームが入っていたり…。達人会にも会員限定の（素敵な）タオルがあるが、使っているのを見ることは滅多にない（涙）。

【温泉達人会《おんせんたつじんかい》】五〇〇温泉地以上の入湯が最低条件。温泉マニアとは一線を画す真の温泉愛好家の集団。ところが実態は…、雨ニモ負ケズ、風ニモ負ケズ、西ニツカレル湯ガアレバ行ッテ湯治デ癒サレ、南ニ孤島ノ露天風呂ガアレバ有給ヲトッテ向カウ、ミンナニマニアト呼バレ、褒メラレモセズ、苦ニモナラズ、ソウイウ人ニワタシハナリタイ、という、単なる温泉好きの集まりデス。

【温泉《おんせん》たまご】 温泉の湯や蒸気で作ったゆで卵。半熟とろとろタイプと、しっかり固目タイプがある。前者は温泉宿の朝食の定番。後者はおやつや酒のつまみにぴったし。後生掛や乳頭の黒湯の殻が黒いのなんて、安上がりのお土産にもなる優れもの。ところで、朝食の温泉たまごの代わりに目玉焼き、卵焼きなどを出す宿もあるが、あれはどうかと思う。ましてや殻を割ったら生卵!?ってことも。そのガッカリ感は半端ではない。温泉なら温泉たまご。ショートケーキにのっているのは苺であって、マスカットではないのだよ。

【温泉分析書《おんせんぶんせきしょ》】 温泉法に定められた温泉の成分、禁忌症や入浴または飲用上の注意の説明書である。お湯から上がり、湯冷ましをする間にこれを眺める。ふむ、そうか、なるほどぉ。挙句にカメラに収めたり。かといって、脱衣所を出た瞬間にすっかり忘れてしまうという、まるで受験生の単語帳のような存在。

【温泉《おんせん》マニア】 温泉通ともいう、温泉が好きすぎて世の中が温泉を中心にまわっている人たちのこと。すべてが温泉主体なゆえ、服装は着替えが楽なもの、持ち物に温泉タオルが常備されている、男性は短髪、女性は薄化粧、旅といえば観光名所より温泉巡り、入った温泉の数を記録する、湯口の湯をさわる、湯を嗅いだり舐めたり、温泉タオルが茶色かったり、黒かったり、緑がかっていたり、いろんな色に染まっていたり、今入ってきたのにすでに髪が濡れていたり(はしご湯)、かといって「うん」と頷いたかと思えばすぐに出ていったり(次の湯に行く)、桶を試験管のように扱うという謎の行動をとったり、宿にいる犬猫の頭をなでて名前を聞いたりする、いろいろ愉快で愛すべき人たちをさす。

【温泉饅頭《おんせんまんじゅう》】 温泉街で売られているお土産の定番中の定番。有名なのは草津温泉。歩いていると、おねえさん方からひっきりなしに饅頭の試食を薦められる。往復したら二個、もうひと往復で四個。エンドレスで繰り広げられる、おねえさんと客とのせめぎ合い。大抵は、客が一箱買ってジ・エンドとなる。

【かけ湯《ゆ》】 お風呂に入るときはかけ湯がマナー。実のところ見ていなければ気にならない程度の一種の儀式でもあるが、見てしまったらやはり気分は悪い。食堂の厨房は見るなの如しか。ただし、血圧上昇を抑えるという効果もあるというから、かけ湯しようね。

【数泉《かずせん》】 とにかく多くの温泉に入ることを求める行為。お湯滞在時間一分で一湯、路地や野に湧いている湯だまりに尻をつけて、はたまたコップで体にかけて一湯、目で見る〝視泉〟で一湯(これは嘘)。とにかく止まったら人生湯枯れのサバイバル求道者。すべての温泉を制覇するまで、その使命は終わることはない。

【ガムテープ】 宿の部屋に備えられている謎のアイテム。その使い方を熟知するものは、その宿を制覇することも可能な最終兵器。(次項参照)。

【カメムシ】 主に温泉宿に泊まるとゴキブリの如くいる虫。ゴキブリみたいに不気味ではないが、潰すとくさい臭いに悩まされるやっかいもの。ガムテープで包んで捨てよう。

【ケロリン】富山めぐみ製薬が販売する頭痛薬の販促として、銭湯や温泉施設に配られた桶。目立つ黄色と底に書かれた愛くるしいネームで一躍、温泉になくてはならない存在に。温泉マニアの自宅には、薬よりもこちらが常備品。

【源泉《げんせん》かけ流《なが》し】源泉そのものを湯船に投入する、温泉形態。源泉完全放流式とも、古くは源泉垂れ流しともいう。温泉マニアには源泉原理主義者もいるほど信奉者が多い。かといって、目隠しで入ったらわかる人は、あまりいないだろうという言葉マジック。ネーミング大賞温泉部門があれば差し上げたい。でも、受賞候補者は自己申告で何人もいるので、未だにその名誉を賞賛される人はいない。

【共同湯《きょうどうゆ》】いわゆる地元民のための銭湯的意味合いの温泉。それを一般にも開放しているのが共同浴場で、地元民専用を〝ジモ専〟と呼ぶ。温泉マニアはとかくジモ専に入りたがる。何なら人の家のお風呂にだって温泉なら入りたがるのが、温泉マニアの業といえば業だったりする。

【交互浴《こうごよく》】熱湯とぬる湯や冷泉とを行ったり来たりで入る行為。通常は冷たい湯にじっくり入って熱湯であったまり、また冷たい湯へが王道。交互浴はあまりの気持ちよさに、延々とループする危険性をもつ麻薬的入浴法。素人が手を出すと、夕食に間に合わなくなるので注意。

【混浴《こんよく》】裸で男女が同じ湯につかる日本古来の文化。農家の人が冬の閑期に心身を癒すためのに湯治（該当項参照）に訪れて、家族やお仲間と一緒に温泉に入るといった素朴な風習。新規認可が難しい今、貴重な存在だが、近ごろ異世界生物（ワニ項参照）による侵略を受け、絶滅に追い込まれつつある。

【自家源泉《じかげんせん》】温泉の給湯には、温泉地の組合の共同管理での配湯、湯元からの引き湯があるが、加えその施設独自の源泉をもっていることをこう呼ぶ。焼き鳥屋の秘伝の自家製ダレや、ラーメン屋の自家製麺と並ぶ、日本三大自家の一つである。

【自然湧出《しぜんゆうしゅつ》】ほっておいても湧いてくる温泉。湧いている源泉の近くに宿や湯船をつくったのが温泉地。逆に掘らないと湧かない温泉は、地下の源泉からポンプなどで人工的にお湯を汲み上げている。つまり、井戸を掘り当てるがごとく温泉も掘り当てられる。費用は一メートル掘るのに約一〇〇万円が相場という。地下三〇〇〇メートルから引いている温泉施設もあるが、約三億円！　元取れるの？

【宿泊約款《しゅくはくやっかん》】宿泊契約条項。宿の部屋に置かれているが、読んだことはない。後半の飲み物メニューをチェックして、今晩のお酒を選ぶためにある。

【循環《じゅんかん》】簡単にいうと、かけ流しが贅沢なお湯の使い捨てなら、循環はお湯のリサイクル。機械によって湯船のお湯を、濾過・加熱・消毒して再利用。これを循環三拍子という。つまり循環は、攻・守・走の三拍子揃ったイチローに対して、かけ流しは、いぶし銀の落合。どちらのファンかは、その人次第。

【信玄《しんげん》の隠《かく》し湯《ゆ》】戦国武将、武田信玄が自ら、そして将兵たちの治療や休養に活用した、甲信越のあちこちにある温泉を総じた名称。この人どれだけ温泉好きだったのか。転生していたら、今ごろ温泉探求家に違いない。

【析出物《せきしゅつぶつ》】温泉の成分が固まって、湯船や湯床、湯口にこびりついている様は、さながらアートのよう。松代温泉公民館タイプの原型不明のコテコテ湯船、はたまた湯抱温泉中村旅館タイプの湯床が千枚田仕様。どれもこれも惚れ惚れして、思わず手のひらでさすさすしてしまう。ところで話は変わるが、関西人って毎日温泉につかっているのかな?コテコテやし。お前、人間析出物か、ほんまに。アホぬかせ、お前こそ顔が千枚田やんけ。ほな、サイナラ。

【泉質《せんしつ》】温泉のお湯に溶けている成分によっての種類分けをさす。塩化物泉、硫黄泉、炭酸水素塩泉、放射能泉などなど。しかし、単純温泉って、いくら成分が少ないからといって、もう少しましな呼び名はないものか。お前は単純なんだよって、あまりにもバカにしてる感じがいなめない。しかし、単純温泉には殿下の宝刀がある。それは〝アルカリ性〟という魔法の言葉。お肌すべすべで女性に惚れられること請け合い。もう単純さんたらっ、モテモテ。

【チェックイン・アウト】日本の宿泊施設は午後三時から翌朝一〇時が基本。海外だと空いて入れば朝からだってOKな所もあるのに、一体、誰が決めたのか。宿に入ったらひと浴してすぐに夕方、夕食のあとはほどなく寝るだけ。起きて朝食、あとは帰るだけ。これで、のんびりなんてできるのだろうか?

【つげ温泉《おんせん》（造語）】独特のシュールな作風をもつ漫画家、つげ義春氏の作品に登場する温泉。漫画やイラストに描かれた鄙びた温泉宿は、昭和四〇年代あたりに巡った温泉地（蒸ノ湯温泉、二岐温泉、湯宿温泉など）がモチーフとなっており、古き良き時代の温泉を垣間見れる。その当時の温泉の佇まいは、日本の原風景そのもの。蒸ノ湯のオンドル小屋にタイムスリップしたい。

【独泉《どくせん》】湯船をひとりで独占することをいう。ひとりは落ち着けるのでやはり気持ちいい。先客が一人いる場合は、無意識に早くでろでろ光線を発信してかえって疲れる危険性も。逆に独泉で長湯をしていると、誰かが来たら出ようと思っても、誰も来ずに出られないこともある、諸刃の剣。

【トド】ドバドバ（次項参照）のお湯が湯船からあふれ出し、洗い場の床を川のように流れていく。その床の上に寝転がる至福のひと時よ。裸で寝転ぶ姿が、まるでトドのように見えることからそう命名された。今日も古遠部温泉の湯船の波打ち際（湯船のふち）には、何匹ものトドが打ち上げられていることであろう。

【ドバドバ】湧出量（一分間に源泉から湧き出る湯量）が多い源泉が、湯口から湯船に投入されるときに心の中で聞こえる効果音。ほんとうにそう聞こえるから不思議。ちなみに、ドバドバの湯が湯船からあふれるときは、効果音は「ザバザバ」と変換される。

【ぬる湯《ゆ》】四〇度を下回る湯温をぬる湯という（筆者規定）。一番気持ちいいのは夏場で三八・二度、冬場で三九・八度だ（筆者独断）。ぬる湯好きが高じてくると、どんどん湯温が下がり、いつしか三〇度を下回るころ、それは冷泉（戦への突入だ（アメリカ対ソビエトか）。そこまでいくと、もはや四〇度以上に耐え得る体には戻れない、マルクスレーセン主義、さらには強い酸性湯を好む強酸主義耐性に組み込まれる。ノンポリ浴槽は真似をしないように。

【野湯《のゆ》】自然の中にある温泉。〝やとう〟ともいうが、やとうは山越え川越えのワイルド系なら、〝のゆ〟はそのへんの林の中に湧いていそうな牧歌系。わたくし、のゆには行きますが、やとうはどうも。って、お嬢さん、どっちも野湯じゃよ。お召し物が汚れますよ。

【裸《はだか》のふれあい】温泉につかっていると、けっこう話しかけてくる人は多い。そのときの枕詞は大抵「どこからですか?」だ。それに続く世間話は、御多分にもれずたわいもなく、純粋に湯を楽しみたいのに、やたらだらだらと続く。Youは何しに温泉へ?

【日帰《ひがえ》り温泉《おんせん》】宿泊しないでお風呂のみを楽しむ行為。立ち寄り湯ともいうが、そちらは宿のお風呂や共同湯の利用に対して使い、片や日帰り温泉はそれ専用につくられた施設に対して使用する。大規模な施設が多く、お風呂も大きくて利用客も多いので循環がデフォだ。なかには源泉風呂を要する所もあるが、反対にほとんどが真湯で、一部のみ温泉という施設もある。惜しまれつつ閉館した、お台場の大江戸温泉物語は、木の屋根があった中央のお風呂が天然温泉で、ほかの湯船は地下水の加熱だったが、温泉浴槽が一番空いていて、切ない気分になったことも。ちなみに当会の会員くらいになると、浴感だけでその湯が温泉かどうかはわかる(はず…)。

【秘湯《ひとう》】秘めたお湯。それってソープ…。いや、そんなふうに思うほど〝秘〟という文字には、何やらふれてはならないような、そんな言霊《ことだま》が秘められている。そしてそれは誰にも教えてはいけない。いけないというほど人はそれにひかれていく。秘湯、お主も罪よのう。

【拭《ふ》く】お湯から上がったなら体を拭く。この拭くという行為は人それぞれで、ぱぱぱって済ます人、水滴が垂れないくらいに拭く人、そして念入りに拭く人。いつぞや、その念入りに拭く人に遭遇した。頭の先から足のつま先まで、それはそれはていねいに拭き、さらにそれを三回繰り返し、もう終わりか?と思った次の瞬間、また湯船に入った。思わず湯の中でドテッとなった自分がいた。

【湯守《ゆもり》】温泉の湯の管理をする人。源泉地から湧くお湯の温度を気温ごとに湯量調整によって適温にする達人もいる。湯守さんとの接点は、湯船に温度を測りにきたとき。三九度弱くらいですかねと聞くと温度を答えてくれる、湯温当てクイズがひそかな楽しみ。当たるとうれしい。

【ワニ】混浴温泉に女性の裸を目当てで長時間居座る人をさす。湯に体を潜めている様からそう名付けられた。異様な雰囲気と女性の敬遠で、混浴廃止となった湯も少なくない。前に鳴子の吹上温泉でワニと遭遇したことがある。混浴の滝ツボの湯にワニが一匹。同じ方向を向いて入っていると、どうやら視線の先が女湯から露天への出口で、ワニはそこを凝視している様子。しばらくしてその出口から白い足がにょきっと出て、一瞬ドキッとしてしまった自分がいた。そうか、ワニはこのドキドキがいいのか。不覚にも腑に落ちてしまった自分だけど、その白い足は見慣れた自分の嫁だった。

　というオチがついたところで、今回はこれにて。

古道を歩いて湯ノ平へ行ってみる

～湯ノ平に温泉は湧くか？～

青沼 章

浅間山とその西方の黒斑山《くろふやま》、南方に聳える牙山《ぎっぱやま》、剣ケ峰に囲まれた平坦地を湯ノ平という。

そこに温泉が湧くという話は聞いたことがないが、しかし、その名前の由来となる何かがあるかもしれない。裏切られそうな気もしたので、あまり期待せずに湯ノ平を訪れることにした。

一般的に湯ノ平を訪れるコースは、浅間山登山と同じコースになる。浅間山荘を登山口とするコース、車坂峠からトーミの頭を経て草すべりを下るコースが一般的だろう。

しかし、今回はコロナ禍の最中ということもあり、人気《ひとけ》の少なそうな浅間しゃくなげ園（登山口）―鋸《のこぎり》岳―Ｊバンド（カルデラ壁）―湯ノ平―天狗の露地―追分分去れ―梨ノ木平―長坂（下山口）というコースをたどることにした。

しゃくなげ園はコロナ禍で休園中だった。人のいない園内を通り、九十九折の道を登ってゆく。登るにつれ、道はやや薄くなっていく。日中は迷うようなことはないが、見通しの悪いコンディションでは要注意だ。

あまり歩く人もいないのだろう。まったくの廃道というわけではないが、手入れがされているというわけでもない。幸いなことに、ある程度標高が高いためか、はたまた火山による痩せた土地のためか砂礫《されき》地となっており、酷い藪というわけではない。比較的登りやすいといって差し支えないだろう。所々ルートファインディングが必要な場面もあるが、間違えても上を目指せばよいので気が楽だ。

鋸岳（浅間山外輪山―黒斑山に連なる山々の北端）に近づくと、踏み跡は明瞭になってくる。鋸岳山頂まで来ると人が多い道と合流する。ここからＪバンドを降りる。目指す湯ノ平はすぐそこだ。Ｊバンドを降りると湯ノ平。この数十年、浅間山の活動が以前と比べ穏やかになったためか、木々の成長が早いように感じる。注意して周辺を見渡すと、インパクトクレーターが散見される。大きいものは直径一〇メートルほどもあるだろうか。

シャクナゲ園から見る浅間山（左）と鋸岳（右）。ここから登り始める

このような比較的踏まれた道を登っていく

火山特有の荒涼とした景色

そのような大穴をあけるような岩が、噴火時ここには降ってくるのだ。浅間山に登る人のどれほどが、それに気付いているのだろうか。

カルデラ壁を下りきると、そこは目指す湯ノ平。ただ薄々は気付いていたが、そこは砂礫地。ぱっと見、湯が湧いているようには見えない。登山道は湯ノ平を横切っているのだが、湯はおろか水すら湧いていない。また、噴気孔やそれに類するものも見当たらない。もっとも湯ノ平は広く、登山道から離れた場所まで探索したわけではないので、見落としはあるかもしれないが。

うーん、やはり存在しないのだろうか。

湯ノ平は以前から人の立ち入りがあったようで、地蔵が立ち並ぶ場所がある。しかしながら、その大部分に首がない。廃仏《はいぶつ》毀釈《きしゃく》の嵐が、こんな辺鄙な地にも吹き荒れたのだ。交通の不便

鋸岳を望む。ケルンが所々にあるが下部に比べ上部は道が薄い

湯ノ平・上寺跡。お地蔵さんはことごとく首がもがれている。廃仏毀釈の嵐はこんな人里離れた場所にも及んだ

湯ノ平はその名の通り平らな土地だ。キャンプ場のようにも見える。ただ、湯も水もここにはない

な時代、こんな場所にわざわざ出向いて石仏の首を落とすというのには驚かされる。

結局、火山館（湯ノ平出口にある休憩所）に至るまで、湯の気配は感じることができなかった。火山館よりやや下、蛇掘川最上流部にある噴気帯（硫化水素臭がし、冷たい鉄分の多い水が流れ出す）が〝湯ノ平〟の由来なのだろう。冷たい水ではあるが、温泉成分はしっかりあるのでここで入浴するのもよいだろう。ただ、登山道から丸見えで、登山者がいた場合は確実に見られてしまうが。

火山館からは旧道を経て天狗の露地へと向かう。分岐をすぎ樹林帯を通っていくが、そこそこ道は踏まれている。ただ、進むにつれ道は薄くなり、天狗の露地周辺では気を抜くと道をロストしそうになる。

天狗の露地を抜けたら剣ヶ峰に登るもよし、登山道をそのまま下るもよし。

今回はそのまま下ることとした。下る道は表参道禅定道。一九七三年の噴火までは登山者が多く利用する道だった。

この道は暫く歩くと追分分去れという分岐点がある。右に曲がると禅定道だ。左は石尊山《せきそんさん》への道（石尊山の麓には血の池という鉱泉がある。湧出量は多く、加温して入浴すればとても温まりそうな泉質である）。

今回は、歴史の道といってよい禅定道を下る。道はかなり薄く、所々ロストしてしまう。ただ、上部に酷い藪になっている箇所はなく、方角さえ間違わなければ問題ないだろう。所々に現れる、植物採集を禁じている往時の看板が道の目印となる。

湯を見つけることは叶わなかったものの、表参道禅定道の上部（標高一五〇〇～二〇〇〇メートル付近）は、素晴らしい景色であった。人々から忘れ去られてしまっているのが残念。あまり俗化して欲しくはないが、もう少し知る人ぞ知る穴場となってもよいのではと思われた。

火山館の分岐。ここから看板の×印の方向へ向かう。踏み跡はしっかりしている

天狗の露地。この辺りから段々と道が薄くなる

時代を感じさせる石碑。明治・大正のものだろうか

追分分去れにある看板「浅間山表登山道」とあるが、判読は難しい

表参道禅定道に複数枚ある看板。設置後50年程経過している。この看板があるとルートを間違えていない証拠になる

どすこい秩父・アツいぞ上州

吉田京子

秩父・宮本家の中庭にて。奥の建物は母屋に隣接する別邸

二〇二〇年は新型コロナウイルスの台頭で、早春から晩秋にかけて自粛自粛で我慢の日々が続いた。コロナ感染者の数が少し減ってきた十一月、ＧｏＴｏトラベルを利用して二月の秩父行き以来九カ月ぶりに温泉行きを決行。県をまたぐ移動は控え、再び秩父へ。秩父事件の舞台である吉田町にも行ってみようと、ルート的に好都合な小鹿野《おがの》町の「宮本家」を予約した。宮本家は元力士が営むお宿で、相撲好きとしては以前から気になっていた場所だ。

龍勢祭《りゅうせいまつり》と秩父事件の椋《むく》神社

十一月半ば、久しぶりに車を走らせて、吉田町の「道の駅・龍勢会館」を目指す。吉田町はロケットのような花火を打ち上げる龍勢祭と、明治一七年に起こった農民蜂起である秩父事件で有名な地。道の駅には、食事処の龍勢茶屋、龍勢祭の様子を伝える龍勢会館と、秩父事件を描いた映画『草の乱』で復元された井上伝蔵邸があり、井上邸は「秩父事件資料館」となっている。秩父名物、豚の味噌漬け丼とお蕎麦のセットでお昼を済ませたあとに資料館を見るつもりだったが、映画撮影時の衣装や小道具などの展示が主と聞いて、リアルな秩父事件の地を巡ることにした。

　まずは、至近距離にある秩父困民党軍が決起した椋神社に向かうと、秩父地方独特の狼系の狛犬が迎えてくれた。龍勢祭はこの神社の例大祭で、境内ではロケットのような龍勢花火の本体が見られるほか、秩父事件の碑や案内図もある。真っ青な空に金色に輝くイチョウが映えるのどかな里山の風景。が、約一五〇年前の十一月、ここから秩父事件が始まったと思うと感慨深い。毎年多くの人が心待ちにしている龍勢祭は、二〇二〇年はコロナの影響で中止になった。社務所にいた宮司さまが、

「龍勢はあの山の手前の打ち上げ台から発射するんですよ」

と教えてくださった。二〇二一年の龍勢祭が遂行されることを願って椋神社をあとにしたが、その後のニュースで中止になったことを知る。

天空の里、石間《いわま》集落

　次に目指したのは、秩父事件の資料館となっている「石間交流学習館」。今は週末の午後のみ開館ということなので、事前に確認と予約の電話をしておいた。車でズンズンと山道を上っていくと、廃校になった小学校が見えてきた。この小学校の玄関が学習館の受付で、可愛いおばちゃんがポツンと座っていた。周囲には、石垣を積んだ家々が山肌にへばりつくように建っている。石間は城峯山の裾野の山間にある集落で、その光景から天空の里と呼ばれているらしい。

「まあまあ、こんな所までようこそね。二階に展示がありますから、ゆっくり見ていってくださいね」

と言われ、かつての教室に入っていくと秩父事件の顛末を描いた迫力のある絵、当時の刀痕がついた柱、石間の方たちが出演する秩父事件の再現ドラマの放映など、充実した展示内容に圧倒された。秩父事件がリアルに感じられ、気が付くと一時間以上時間が経っていた。お礼を言って出ようとすると、受付のおばちゃんが、

「お時間大丈夫なら、すぐ上に水車があるんです。その前を上がった所にある八坂神社の紅葉が見ごろなので、よかったら見ていってください」と教えてくれた。

　おばちゃんの柔らかな笑顔を見た瞬間、ＮＨＫのドキュメンタリー『秩父山中

錦秋の椋神社

廃校を利用した石間交流学習館

八坂神社

花のあとさき』を思い出した。秩父の山間にある楢尾《ならお》という限界集落で生きる老夫婦が、畑を続けることを断念したあとに、花を植え続けた一七年間を記録したドキュメンタリーで、のちに映画化もされている。楢尾は確か同じ石間郷で、ここから峠を越えた所だったはず。主人公のムツばあさんの笑顔とおばちゃんの温和な表情が重なる。

「お花を植え続けるムツさんの放送を見たことがあります。楢尾集落には行かれたことありますか?」と聞いてみたところ、「一回だけ行ったことありますよ。細い山道をずいぶんと入って行った所なんです。本当にお花がきれいでね。でも楢《なら》尾ももう誰も住んでいないからね…」

ムツさんご夫婦が亡くなり、二〇一七年にはついに住人が誰もいなくなったという。楢尾集落は、四季折々に花を咲かせながら静かに緑に還っていくのだろう。夕日に照らされた山間集落の風景、点在する古い蔵、ひっそりとした神社の前の燃えるような紅葉、優しい人の心遣い。石間集落は今後どうなるのだろうか。もっと多くの人がこの地を訪れて、この情景と人の優しさにふれてほしいと強く願った。

元お相撲さんの宿
二〇〇年の農家屋敷「宮本家」

熊出没注意の看板がある山道を一気に下り、小鹿野の町へ出る。夕日が山影に落ちるころ、街道から少し外れた所にある今宵の宿「宮本家」に到着した。ここは元幕内力士の剣武こと宮本一輝さんのご実家で、角界引退後は宿のご当主となってお宿を切り盛りしている。お庭が素敵な日本家屋といった感じの外観。門をくぐると、独立した帳場の建物に案内された。コロナ対策で、チェックインはひと組ずつ。到着時刻に変更があったときは、必ずご連絡くださいと言われたのはこのためか。感染対策がしっかりされているのがよくわかる。

受け付けが済むと好きな浴衣を選ぶのだが、お相撲さんの名前が入った力士浴衣もあるので迷うこと必至だ。本来ならお相撲さんしか着られない四股名入り浴衣だが、ここでは元力士の剣武さんに贈られた反物をお客さん用に仕立ててある。

200 年の農家屋敷、宮本家

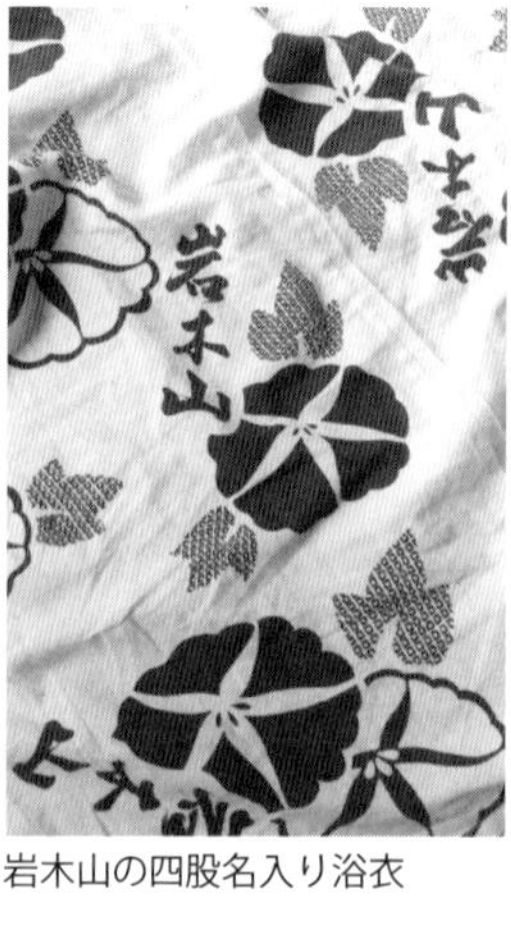

岩木山の四股名入り浴衣

私は元横綱の稀勢の里さんの名入りが着たかったのだが、丈がちょっと長すぎて断念。主人は元小結の岩木山さんの浴衣を選んだ。力士浴衣はお子さまや女性用もあるので、一家全員力士浴衣を着ることもできる。帳場内には、実際に剣武さんが土俵際で控えるときに使っていた大きな座布団もあって、相撲好きにはたまらない。さらに本場所開催中に泊まった人は、希望すれば番付表もいただける。

温泉入って、番付表を見ながら取り組みを観るなんて、おつじゃないか！

案内されたお部屋は、幕末から続く母屋二階の「桑の間」。ここは六畳、八畳、二〇畳の和室を広々使える三間続きの部屋。まるで田舎のおじいちゃんの家でくつろいでいるような気持ちになる。全六室の客室はすべて違った趣で、それぞれが魅力的だ。四カ所あるお風呂はすべて貸し切りで、空いているときにご自由にどうぞと案内された。ほかのお客さんが来る前にとすぐに浴衣に着替え、一番入りたかった大釜風呂に急ぐ。大釜風呂は庭にある独立した湯小屋にある大きな五右衛門風呂で、近くにある源泉「般若の湯」から運ばれたアルカリ泉が満たされている。舞台に上るような階段を上がってドボンと入ると、ツルツルとした肌ざわり。この大釜風呂には、横綱の白鵬や鶴竜も入ったと聞いて感動！

蔵バーで剣武さんのおもてなし

大釜風呂から出て部屋に戻ると、ちょうど一七時すぎで上位陣の取り組みが始まるところだった。元幕内力士のお宿で観る本場所は、テンションが上がる。夕食前に別棟にある蔵バーへお越しくださいと案内されていたので、相撲中継が終わってすぐに向かうと、剣武さんが自家製の果実酒でおもてなししているところだった。古い蔵の中はカフェのような空間。テーブルには鬢付け油が置かれ、棚

長い縁側には、つるし柿が

歴史を感じさせる家紋入りの瓦

贅沢な三間続きの桑の間

別館にある重厚な囲炉裏

独立した湯小屋でゆったり

横綱も入った大釜風呂

にはたくさんの果実酒が並んでいる。好きな果実酒を選ぶと、宮本家オリジナルのお相撲さんグラスに注がれて出てくる。お酒が飲めない私は、自家製の紫蘇ジュースをレトロなグラスでいただいた。その間、剣武さんはお客さん一人ひとりとお話を。お相撲好きな私たちには、もちろんお相撲のお話をしてくださった。

「ご贔屓の力士はいますか?」

「地味だけど実直な鶴竜さんが好きです。速い取り組みがかっこいいし、なんか可愛いので。あと、後輩の霧馬山もいい感じになってきましたよね」

「霧馬山は鶴竜が同じ部屋に来てよかったですね。鶴竜とは取り組みのスタイルは違うけど、これから上がっていくでしょう」

「表彰式のマカロンや干し椎茸のトロフィーが面白いですが、あれ本当に実物が贈られるんですか?」

「本当に届くんですよ。優勝した部屋には、ほかにも贈り物がすごくてビックリしますよ。あと横綱がいる部屋は、やっぱりすごいです」

　蔵バーの二階にはお相撲関係の展示があると聞いて上がってみると、豪華な化粧まわしが目に飛び込んできた。剣武さんが実際に締めていたもので、秩父夜祭の情景が素晴らしい刺繍で描かれている。そこに立つと、ちょうどまわしを締めているような写真が撮れる。その横には剣武さんの断髪式の写真と髷、贈られた四股名入りの反物がずらりと並んでいた。大好きな嘉風のもある〜!と大興奮。かつて蔵の中にあった年代物のお雛さまや鉄砲なども置かれていて、しばらく見入ってしまった。

　階下に降りたとき、剣武さんが一通の手紙を見せてくれた。おお!　鶴竜のハンコが押されている特別な番付表だ。反物といい番付表といい、角界の繋がりの強さを感じる。引退してからもご縁はずっと続いていくのだろう。剣武さんのお人柄によるものも大きいかもしれない。

すごいぞ!　里山囲炉裏料理

ずっとあちこちを見ていたいが、うながされて夕食に向かう。お食事もコロナ

番付表と大入り袋

自家製果実酒が並ぶ蔵バー

オリジナルお相撲さんグラスで登場

蔵バーの２階。素晴らしい化粧まわしの数々

断髪式の写真の前には、たくさんの力士の反物が

ご当主の剣武さんと

対策のため、ひと部屋にひと組のみ。お相撲さんのお宿らしく量がとても多いと聞いていたので、少し控えめなプランにしようかと思ったが、初めての訪問なので通常プランのお料理にした。たくさんの種類の先付とお造りに続き、さつまいものスープ、岩魚の塩焼き、一番楽しみだった相撲部屋直伝のちゃんこ鍋は、大きな鉄鍋いっぱいに入っている。白湯スープに自家製野菜の旨味が滲み出し、コクがあってすごく美味しい。

　すでにお腹いっぱいのところに、きのこ釜めしが炊き上がった。おまけに、囲炉裏で焼いたピーマンと肉厚椎茸も登場。う〜、食べ切れない。釜めしを一膳だけいただいてギブアップ。もうムリ〜とのけぞったところに、デザートが登場。しっかり量があるプリン、アイス、フルーツの三点盛り、もう笑うしかない。剣武さんに、残念ながら釜めしとデザートが食べきれませんと言ったら、うちの料理を食べきれる人はなかなかいないですね〜と笑っていた。次回は、控えめな量のプランにしよう。きっとそれでも満腹必至だ。

品数も量も多い宮本家の夕食

相撲部屋直伝のちゃんこ鍋

デザートも大盛り（笑）

満腹すぎて動けない。お布団でゴロゴロしながら長い食休み。山盛りの山菜天ぷらと丼で出てくる女将特製の豚汁に度肝を抜かれた、霧積温泉の金湯館もすごかったが、相撲部屋直伝のちゃんこ鍋や囲炉裏焼きなど特徴があるお料理がモリモリ出てくる宮本家も、想像をはるかに超えていた。温泉宿のお料理では、私のなかでツートップだ。夜、ゆず庭園風呂に入ったあと、外に出てみると澄み切った夜空一面に星々が瞬いていた。

第一二代当主と若女将としての第二の人生

　朝食も品数が多くてモリモリ。雑穀米のご飯が美味しくて三杯も食べてしまう。チェックアウトのとき、若女将にお宿の女将さんをやるのは以前から決まっていたのかを伺ったところ、

「いえ全然。思ってもいなかったです」

とコロコロと笑っていた。生活の激変にも関わらず、しっかり女将さんをされているのは尊敬のひと言。

　帰りがけ、宮本さんが営む観光農園の「秩父ふるさと村」に寄る。期間限定で宿泊客に渡される野菜収穫券で、自家農園の季節のお野菜が無料でいただけるのがうれしい。この日は、丸々とした大根を抜かせてもらった。宮本家の第一二代当主である剣武さんはお宿の仕事のみならず、埼玉県の交通安全大使として警察署で啓蒙活動をするなど、地域の活動にも積極的に携わっている。角界を引退してからも、同期の白鵬をはじめとした力士との繋がりは強く、お宿には白鵬か

たっぷりの量の朝食

大根の収穫体験、楽しい♪

ら寄贈された横綱が大切に飾られている。第二の人生を活き活きと歩んでいる姿に、希望と勇気をいただいた。帰りがけ、Ｇｏｔｏトラベルでもらった地域振興券を利用し、秩父市内の武甲酒造で地酒を何本も買い込んだ主人は、宮本家で買ったお相撲さんグラスで飲もうとご満悦。

実はこの後もＧｏｔｏトラベルを利用して、一二月中旬に秩父市内の宿、年明けには宮本家の露天風呂付き客室を予約してあったのだが、一二月初旬に高齢の父が救急搬送され緊急入院。さらに感染の第三波が襲ってきて、旅行どころではなくなってしまった。宮本家に事情を話しキャンセルのご連絡をしたところ、

「初場所の番付は縁起物なので、お父さまの快復を願って送りますね」

と、わざわざ番付表を郵送してくださった。お心遣いがありがたい。

感染拡大と体調不良、そろっと湯治へ

番付表の効果もあってか父の病状は安定したものの、入院生活が何カ月も続き感染防止のため面会はできず。二〇二一年に入ったが、コロナは収束どころか感染が広がるばかり。ワクチン接種騒動で世の中は混乱し、再び自粛生活が始まった。そんななか、疲労とストレスからか私自身が五月に重症の帯状疱疹にかかり、ほぼ二カ月経っても足のひどい痛みが消えず、歩くのもままならない状態に。私が温泉好きだと知っている主治医から、

「なかなか痛みが治まらないね。帯状疱疹後神経痛にこそ、温泉が効きそうだけどねぇ」

と言われたこともあり、ワクチンも打ち終わって感染が少し下火になっていた七月半ばに、二〇二一年初めての温泉行きを決行することにした。近距離で電車で行けてお湯がいい温泉、しかも何かあったらすぐ戻ってこられる駅近という条件を満たしたのが、群馬の磯部温泉だった。

磯部温泉で以前から気になっていた小島屋旅館に、ひとり泊できるか聞いたところ、

「うちはビジネスの方も多いので大丈夫です。但し、古い旅館ですよ…」

とのお答え。実は以前、激レトロな構えが気になって一度訪問したことがある。小島屋旅館は磯部温泉では最古参の明治時代の創業で、大正から昭和初期につくられたレンガ造りの浴場が現役で使われている。このお風呂に入ってみたかったのだが、日帰り入浴はやっていないとのことで、残念そうに立ち去ろうとする私に、

「よかったら、中だけでもご覧になります?」

と声をかけてくださり、内部を見せていただいた。レトロなライオンの湯口から流れ出るお湯は、鉄分と塩分濃度が高く浴槽や床は茶色く変色している。何て魅力的なんだ!　絶対に泊まってこのお風呂に入るんだ!と心に誓ってから早六年。やっと念願が叶う。しかも、ひとり泊なのに1泊2食付きで1万円以下という良心的すぎるお値段!

高崎で孤独のグルメを堪能

今年初めて乗る電車。シーンとした車内は、コロナ禍をリアルに感じさせる。六年ぶりに降りた高崎駅前は、新しいビルができて様変わりしていた。昼食は、かつて老舗旅館だった建物の個室でいただく和食にしたかったのだが、コロナ対策のため首都圏からのお客さまはお断りしているとのことで断念。ならば駅からは少し歩くけど、中央銀座商店街にある〝孤独のグルメ〟にぴったりな、あのお店にしよう。長いアーケードが続く商店街は六年前もすでにシャッター通りだったが、その時に気になったお店も閉業してしまっていて寂しすぎる雰囲気だ。すごく気になったけど入る勇気がなくてスルーした、暗い路地の奥にある焼き肉店「慶州苑」を目指す。おお！ランチメニューの看板が出ている。現役で営業中だ。意を決して入店したら、こんな隠れ家なのに店内はサラリーマンでいっぱいだった。リアル孤独のグルメの人もいるから、私も大丈夫だ。カルビランチかホルモンランチか迷った末、カルビランチをオーダー。ご飯とスープのほかに、マカロニサラダやナムル、キムチの盛り合わせのお皿が付く。厚めのカルビはジューシーでウマウマ、これはホルモンも美味しいに違いない。後悔がないようにホルモンも追加して、二人前を平らげた。これでもう思い残すことはない、信越線に乗って磯部へGO！だ。

あこがれの大正ロマン
赤レンガ浴場の宿「小島屋旅館」

磯部駅前は、以前と変わらぬ風景が広がっていた。平日の夕方、長閑な空気感にホッとする。午後四時少し前に小島屋旅館に到着。六年前にお風呂の見学をさせてくれた女将さんが元気よく迎えてくれた。明治一二年創業、年季が入った木造三階建て。急な階段を上がっていくと、銘仙の着物や昔の雑誌などレトロで懐かしいものが展示されている。昔ながらの和室には、すでにお布団が敷かれていた。窓の外からは蝉の声。女将さんから、

「今日はビジネスの人しかいなくて、夜にならないと戻ってこないから、今なら男湯に鍵をかけて入って大丈夫ですよ。そっちのが広いから」

と聞き、そそくさと浴室に向かう。渡り廊下を渡っていくのも、昔の感じでワクワクする。昭和初期につくられた赤レンガ造りの浴場、そうそう！ここに入りたかったのよ！　アーチ形のお洒落な窓、ライオンの湯口、鉄分で赤く染まった湯船にテンションが上がる。入ってみると、湯船に敷いてある木のスノコも鉄分と塩分でザラザラしている。海水と同じかそれ以上の塩分を含む湯は、とてもしょっぱくてパワフル。ふちに頭をのせると、体が簡単に浮き上がった。今年初めての温泉、しかもこの湯力。そこそこで上がったのだが、濃い塩分と鉄分のお

高崎中央銀座商店街

カルビとホルモンのランチ♪

かげで芯まであったまり、いつまでも汗が引かない。しかも、一回サラッと入っただけなのに、右足のしつこい神経痛が収まっているではないか！　女将さんによると、ここは恵みの湯の源泉を使用していて、浴槽の状態をみて手動で源泉を投入しているとのこと。朝は七時に入れ始めるので、朝湯もどうぞとのことだった。

木造3階建て。急な階段が時代を物語る

明治創業の小島屋旅館

湯殿に向かう渡り廊下

左手が赤レンガの湯殿

おもてなしすぎ、モリモリ手造り料理

朝夕とも食事は女将さんがお部屋に運んでくれる。コロナ禍のなかでも、安心して食事ができるのはありがたい。テーブルいっぱいに並べられる、先付、お造り、焼き魚、お鍋、野菜の煮物。一品一品の量も多く、普段の二食分くらいある。先付は何種類ものお野菜を使った家庭的な味付けで、ヘルシーで美味しい。あとは、ご飯とお椀で締めだなと思っていると、しばらくしてから女将さんが追加のお膳を運んできた。

「お待たせしちゃってすみませんね〜、ひとりでやってるもんだから」

と、チキンのトマトソース、天ぷら、器にたっぷり入ったとろろ蕎麦、とどめにお櫃いっぱいの炊き込みご飯が登場。これだけでも一食分以上の量だ。前半と合わせると、ほぼ三食分以上（笑）。

「こ、こ、これはすごい量ですね…」と驚いていると、

「夜は長いから大丈夫ですよ。最後にデ

濃い成分で茶色く染まる男性用浴室

レトロなライオンの湯口

アーチ形の窓がステキな男湯の脱衣所

ザートお持ちしますね」と何事もなかったように階下に降りていく。デザートはたっぷりの手づくりフルーツ杏仁豆腐。とても食べ切れない…。私のなかで、お料理の量と美味しさのツートップである霧積温泉 金湯館と、秩父の宮本家に加え、この小島屋でベストスリーが確定した。

結局、炊き込みご飯までたどり着けずギブアップ。長～い食休みをしてから、女湯に向かう。灯りに浮かび上がる赤レンガの湯殿はとても魅力的。男湯に比べて小さい湯船だが、注がれている温泉の濃さは変わらない。シーンとしたなかで入る温泉は、心と体に染み渡る。

翌朝も、源泉の投入が始まる時刻に湯殿へ。まだ温度が低いままの源泉が、ライオンの湯口からドバドバと流れてくる。はぁ～、気持ちいい！ 朝湯後、ヨーグルトや乳酸飲料まで付いたボリューム満点の朝ごはんを平らげ、温泉街をひと回り。六年前に来たときに立ち寄った「栄泉堂」で、温泉街で唯一手焼きの製法を続ける磯部せんべいを買う。以前と同じ店構え。気さくにお話してくれた大女将の姿は見えなかったが、同じ雰囲気をもつ息子さんが笑顔でおまけのおせんべいを手渡してくれた。ここは何もかもがそのままのように思えるが、足湯のお隣にあったお宿がデイサービスに変わっていた。お宿を維持し続けるのは大変なのだろう。

お膳にお野菜がタップリ！

二の膳の量にビックリ！

思いもよらず、七代目を継ぐことに

帰る前に女将さんに少しお話をうかがう。女将の原田三重子さんはこのお宿の娘さんで、お母さまと叔母さまが中心となって営んでいた旅館業には興味がなかったというか、むしろ抵抗があったという。結婚してからも思いは変わらなかったが、お母さまが急逝したあと、歴史ある宿を閉めてしまうことは忍びないと思うように。お宿を続けると決めてからの手続きは、それはそれは大変だったそうだ。

「継ぐつもりなんかなかったのに、これも運命だったのでしょうね」

今後のことはわからないけれど、できるところまでやっていこうと思うと笑っ

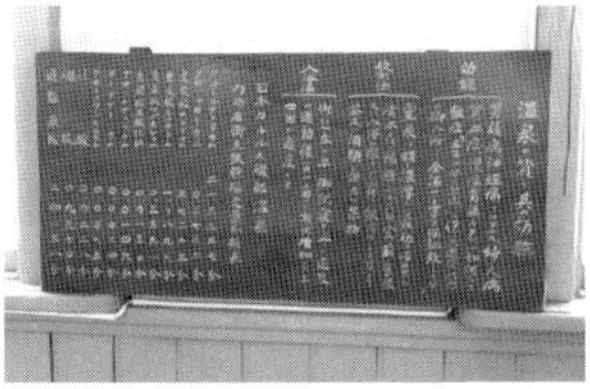
昔の温泉分析書（定量分析表）

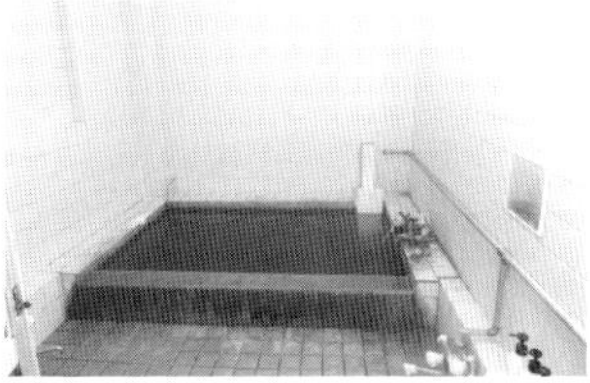
こぢんまりした女湯も、茶色く染まっている

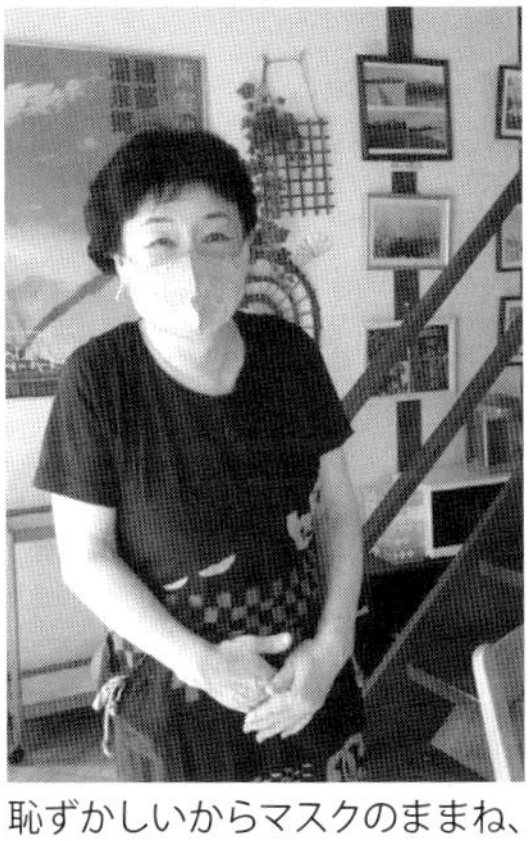
恥ずかしいからマスクのままね、と女将の原田さん

ていた。おひとりで切り盛りするのは大変だと思うが、無理な気負いは感じられず自然体なところがなんとも素敵だ。

「これからも変わらずやっていると思うので、また時間ができたらひと息つきに来てくださいね」

と見送ってくれる。ひとり泊可でお湯が素晴らしいお宿、しかも一泊二食付きで一万円以下で、お料理が盛り盛り。人に教えたいような、秘密にしておきたいような…。

焼きまんじゅう「茶々」にて

高崎駅に戻ると、厳しい暑さが襲ってきた。上州名物の焼きまんじゅうをお土産に買おうと、駅から歩いて数分の「茶々」を目指す。ちょっと歩いただけで、滝のような汗が…。さすが北関東の夏だ。焼きまんじゅうは高崎のソウルフードで、市内には何軒もお店がある。以前は「オリタ焼きまんじゅう」に寄り、パワフルなおばちゃんに度肝を抜かれた。茶々は九〇代の名物お父さんと娘さんが営む有名店だ。娘さんにお土産を頼むと、

「今焼くから座ってて。焼きまんじゅうもその店独自の特徴があって、うちの生地はとっても柔らかいの」

「焼きまんじゅうは発酵食品だから、夏バテにも効くのよ。群馬では病気のお見舞いにも焼きまんじゅうを持っていくのよ」

と、いろいろ教えてくれる。

「焼き立てが一番美味しいから、一本だけ食べていけば」

とすすめられ、アツアツをほおばる。甘じょっぱく濃厚な味噌ダレがたっぷり塗られ、焦げた部分が香ばしい。「絶メシ」のポスターになっているお父さまの笑顔が素晴らしくて眺めていると、

「一〇〇歳まで仕事続けると思っていたのに、今年五月に急に亡くなったの。最後まで自立して探求心もあって、身内ながら尊敬するわ」と…。常連さんのために、お店は続けていくとお話してくれた。

温泉街で唯一手焼きを守る栄泉堂

焼き立ては、香ばしくて格別！

へこたれそうなときに思い出す人々の姿

小島屋旅館の女将さんといい、茶々の娘さんといい、運命を受け入れたあとは腹をくくって仕事を受け継ぎ、当然のことのように自然体で日々を送っているのがカッコいい。上州は「かかあ天下」といわれるが、威張っているわけではなく、肝っ玉がすわっている女性が多いからだろう。真夏の上州で特濃の力強い温泉に浸かり、熱い心をもった女性の姿を目の当たりにして、コロナでへこたれていた自分に活を入れられた気がした。

その後、八月のオリンピック中に感染の第五波が襲い、再びの緊急事態宣言発令。状況は深刻さを増し、医療は崩壊状態に。胸が塞がりへこたれそうなときは、宮本家の剣武さんの知恵を出しながら前向きに進む姿、小島屋の女将さんの肝をすえて動じずに過ごす姿を思い出し、最大の注意を払い日々粛々と過ごしている。

いつかまたお宿を再訪し、素敵なおふたりと語り合える日が来ることを願って。

二〇一七年入会同期組　座談会企画　第三回

温泉達人会　飯出代表と私たち

坂口裕之／鹿野義治／柴田克哉／長尾祐美

左より、長尾祐美、鹿野義治、飯出敏夫、柴田克哉、坂口裕之。燕温泉「樺太館」にて

温泉達人会二〇一七年同期組の座談会企画は今回が三回目。一回目は「私と温泉」。二回目は「コロナ禍の温泉事情」。さて、三回目はどうしようかという話になったとき、満を持して「我が会の代表、飯出（敏夫）さんと一緒にやってみない？」との提案に、皆が賛同。今回の座談会のテーマは、「温泉達人会 飯出代表と私たち」でお送りします。

長尾（以下、長）：そもそも飯出さんとの出会いがあって我々がこうして五人ここにいるわけだけれど、飯出さんと最初に出会ったときは…。こんな感じで話を膨らませていきましょうか。では出会った古い順でお願いします（笑）。

坂口裕之との出会い

飯出（以下、飯）：このなかで一番付き合いの長い坂口さんと会ったのは、何年だったかね？

坂口（以下、坂）：今年でちょうど一〇年ですね。妙高「秘湯ロマンオフ会」（二〇一一年一〇月一三日、テレビ番組『秘湯ロマン』監修の飯出さんと出演者の春馬ゆかりさんを招いた、温泉ソムリエ仲間のオフ会）でお会いしたのが初めてで、そこからいろいろメールのやりとりはしていたけど、その後、飯出さんが闘病したんですよね。
飯：そうか、あのときは僕、悪性リンパ腫の宣告前か。二〇一一年の二月から検査をしていて、十一月末にようやく病名が判明したんだよね。ますみさんと会ったのは…、その後か。

長尾祐美《ますみ》との出会い

長：そうなんです。御病気のとき、私、知らないんです。
飯：僕の闘病を励ます会を兼ねてオフ会をやってくれることになってね。そこにそのころよく湯達入郎《ゆったりはいろう》さんと温泉探求家同士の仲でつるんでたガチャさん（佐藤昭仁さん）が来てくれて、ますみさんていう女性が「純ちゃん」（@四谷荒木町）という日本酒専門店のお店を貸し切りで〝望年会〟をやるんだけども、行きませんかって誘ってくれたわけ。

坂口が飯出さんと最初に会った、妙高秘湯ロマンオフ会にて（2011/10）

長尾が飯出さんと最初に会った「純ちゃん」にて。（2012/11）

長：それがこれですよ（二〇一二年十一月一〇日当時の写真を見せる）。
飯：髪の毛あるね、（髪も）黒いね（笑）。
長：その後、年明けて新宿のおでん屋でガチャさん、温泉ソムリエ仲間のロミさん（吉田広美さん）、飯出さん、私の四人で会ってる（またまた当時の写真見せる）。
坂：飯出さん、若いね。
飯：そりゃー、若いでしょ（笑）。
長：そりゃ私も若いよ（笑）。その望年会のときに、お酒一滴も飲めない湯達さんがいらしてて、慌ててお茶を買いに走ったもの（笑）。
飯：湯達さんは、女の子がいるのなら行くって言うから、誘ったの（笑）。で、その忘年会の席で、ロミさんが桜田温泉「山芳園」（@静岡）に嫁いだから、みんなで激励（冷やかし）に行こう！となったわけ。結構盛りあがって、そのときはまだ秘湯ロマンス隊（前述「秘湯ロマンオフ会」の発展形）はないころ。
長：でも名前はあったよ。「秘湯ロマン」そのままじゃあれだからって、「秘湯ロマンス」って名前をロミさんが宿の玄関の御一行様名に書いてくれていた。
飯：山芳園の「秘湯ロマンス」の場で、すぐ二回目やろうってことになって、奈良田温泉「白根館」（@山梨）を貸し切りで決めて…（延々話が明後日の方向に行きはじめる）。
長：…飯出さん、若干話を元に戻していいですか。これ、時間内にやりきれるの!?って心配になってきたんで（笑）。
飯：いいよ（笑）。
長：私は純ちゃんで初めてお会いしました〜。そしてお二人（鹿野・柴田）は…同時？

鹿野義治・柴田克哉との出会い

鹿野（以下、鹿）：飯出さんとお会いしたのは二人同時ですね、新宿の居酒屋で（二〇一五年六月十一日）。

長：あのときは、風子さん（飯出さんの娘さん）からミッションがあったんですよ、「温泉マニア（？）の人を一〇人くらい集めてください！」って。で、鹿野さんと柴田さんにも声をかけた。

飯：僕は割とあの日のことは覚えてるんだけど、風子が向こうで一人ずつインタビューしてて、あとはこっちで勝手に飲んでるっていう。柴田さんが隣の席で。鹿さんとは離れていてあまり話せてない。

長：あの日は人がいっぱいいましたからね。

飯：秘湯ロマンス隊の三回目が「高峰温泉」（@長野）って話は決まっていて、高峰のオプションで翌日に本沢登るからって。それで柴田さんに声かけたんだよね。

柴田（以下、柴）：そうですね。実は、自分が飯出さんを初めてお見かけしたのは、先の坂口さんの話に出た妙高秘湯ロマンオフ会の一カ月後、温泉ソムリエのステップアップセミナーがあって、飯出さんは女優の春馬ゆかりさんと一緒に、後方の席で受講されていましたよね。

　で、講義の最後に講師から紹介された際、少しイチャモンをつけるというか小演説が始まって、何かとんがってる方だなあというのが第一印象（笑）。でも、その時の「湯守の心は湯に映る」「湯もまた人なり」という名言は、ちゃんとメモに残ってますよ。

飯：あっそう？　イチャモン？　何を話したか、全然覚えてない（笑）。

柴：そんなイメージがあったので、初めて隣の席で直接お話するときはえらく緊張したんですが、いざ話したら、なんとも優しいお方でびっくり（笑）。ちょうどその年に山登りを始めて、「最近、山登るようになったんです」って話を飯出さんにしたら誘ってくれて。再来週（本沢に）行くけど、一緒に行く？みたいな。「あ、行きます」とその場で即返事をして。

長：私もそれ聞いてびっくりして、「え？　飯出さんといきなり山行くことになっちゃったの!?」って柴田さんに言った気がする。

柴：それが、飯出さんが日本百名山完登（後述）を目指して再び登り始めようとする一年前くらい（二〇一五年六月）。ある意味そこで私もナンパされたわけですよ（笑）。

一同：間違いない！

飯：でも、そこには鹿さんの姿はない。

鹿：自分は、その後の第四回かな、乳頭温泉郷の「鶴の湯」（@秋田）の秘湯ロマンス隊（二〇一六年二月二六日）に誘っていただいて。

飯：さんざん飲んだくれたあの回ね（笑）。

鹿：（笑）。あれが最初で、そこでお話するようになって、その後（二〇一七年七月）に鹿島槍に誘っていただいた。

柴田が飯出さんと一緒に登った本沢温泉。初めて写真を撮ってもらった（2015/6）

それが山に一緒に行くことになった最初のきっかけ。
飯：一番最初は鹿島槍だったよね。二人とも鹿島（アントラーズ）ファンならば、鹿島槍には登らないといけないんじゃないの？と口説いて。その鹿島槍がすっごくよかったんだよね。ブロッケン現象は起きるわ、雷鳥がうじょうじょ出てくるわ、滝雲が富山側からうわーっと出てきて、長野側へなだれ落ちて…、雲海の向こうに剱岳も見えて…、

鹿野・柴田が飯出さんに“口説かれて”登頂した鹿島槍（2017/7）

あらゆる山の魅力が凝縮された回だったの。あれはよかったなぁ。
長：これで一通り、みんなと飯出さんとの出会いのおさらいができました。さて、次はいよいよ本題の「なんで私たちを達人会に誘ってくれたんですか？」っていう話に…。

二〇一七年同期組の立ち位置

飯：温泉達人会はもう二五年くらいかな。この手の会のなかでは古いほうだけど、最初は（温泉ジャーナリストの）野口悦男さんが代表だったの。ずっと自分が事務局長で支えていたけど、五年くらい経って野口さんが「日本温泉遺産を守る会」を立ち上げて、そっちの活動が盛んで温泉達人会へは顔を出さなくなってしまった。もう解散したら？という話も出たくらいで。
　そのときに、それはちょっと違うんじゃないの？って感じで、会の高田（和明）さんと話をして、第二期達人会＝飯出代表・高田事務局長で続けましょう、ということになったわけ。
　会設立当初は、せっかく会をつくったんだから会報ぐらいないとねと、会員から原稿をもらって毎年一回レポートを出していたの。当時はパソコンがなかったから、手書きかせいぜいワープロ。それをプリントして束ねて総会で皆に配布していた。それで、第二期スタートの際に、折角だから書店でも売れる会報誌を作ろうということになった。
　幸い、かつて『温泉四季』（西北社）を一緒に作っていた古舘（明廣）さんが、取次（本の流通業者）と付き合いもあり本の扱いに慣れていたし、編集デザインをしている井澤（俊二）さんもいたから、古舘さんが出版関係を、井澤さんが制作を、僕が原稿集めや整理を担当して、二〇〇七年一〇月に第一号を創刊した。以後、毎年発行してきたわけです。
長：活動レポートの期間が、九月から翌年八月になっている理由は？
飯：毎年十一月の総会・納会にお披露目できるよう作っているから。すべて井澤さんが、ひとりでやってくれているか

鹿野と飯出さんの一番古いツーショット。湯の瀬温泉＠山形（2016/2）

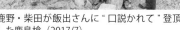

ら、余裕も必要なんですよ…。

長：表紙が露天風呂での集合写真って、インパクト大ですよね。

飯：第一号の表紙は、「赤倉源泉」（@新潟）。あの時は表紙用に撮った写真ではなくて、僕の手持ちの写真から提供した。で、第二号からは、次年度の表紙の写真を総会・納会のときに撮るようにしたの。必ずね、混浴の露天風呂で撮るのがお約束（笑）。

長：一年待たないと表紙の写真が見られないという、そのレア感&ドキドキ感（笑）。

飯：それで、会報の効果もあってか達人会もなんとか続いてきたんだけど、今のメンバーは非常にエキスパートなんですよね。ひと言でいうとプロフェッショナル的だから、個性的で唯我独尊的な人も多い。よくいえば独立心が強く、悪くいえば協調性がなく。一国一城の主的な感覚の人が多くてね。

それはそれでいいと思っているんだけど、会としてまとめるのはなかなか大変なわけ。出たり入ったりはあるけれども三〇人くらいほとんど同じメンバーできているんで、いわゆる普通の感覚のメンバーを補充したいなという気持ちが僕にはあったわけ（笑）。

ただ、達人会のなかには良くも悪くも「温泉ソムリエかい」という意見もあったのよ。内実を知ってか知らないでかわからないけれども、特に温泉ソムリエに関しては結構批判的な意見も少なからずあったんだよね。

長：はい、温泉ソムリエの名前で悪さする人もいますからね…。

飯：あと、秘湯ロマンス隊の活動もするようになって、結構嫌味を言われたりして。「飯出さん、達人会だと楽しそうじゃないけど、あの連中といるとほんと楽しそうですね！」とかね（苦笑）。

長：会のちなさん（成田千波さん）もそう言ってましたよ。「達人会で、あんな楽しそうな飯出さんの顔、見たことない！」って（笑）。

坂：飯出さんってあんなに笑うんだ、あんな楽しそうな顔、初めて見たって。

柴：達人会では、飯出さんが三橋弘行さん（『究極のにごり湯』著者）のキャラなんだね、にこりともせず（笑）。

飯：簡単にいうと、新しい血を入れたいというのが一つ。それから、いわゆるバランス感覚がとれた〝普通〟の温泉好きがいてほしいと思ったのが一つ。温泉ソムリエのなかでも温泉を極めたいと思っているちゃんとした人たちがいるのを、達人会のメンバーに知ってほしいと思ったのが一つ。これらが主な理由かな。

それと、（メンバーが）年齢的にもだいぶ高齢化してきているのも事実で、若手もほしいよね、って。この会ではこの四人はまだ若手っていえるし、達人会に別の風を入れたいという思いもあった。

長：まだ若手っていえるもんね、この会では（笑）。一気に四人も入れることについては大丈夫だったんですか？

飯：そりゃ、総会で認められればね。

坂：おかしいと思ったんだよね…。最初は、「こういう会だけど、興味ある？　ちょっと見学にこない？」から始まって。あ、見学できるんだ〜って思ってたら、「ちょっとプロフィール書いてくんない？」って。見学なのになんでプロフィール書かなきゃいけないんだ〜って。

柴：なんか、ちょっとおかしい（笑）。
飯：そうだったっけ？？
坂：そしたら当日、飯出さんがいきなり総会の場で、「この四人を会に推薦したいんだけど、反対意見のある方は？」って話になって。
柴：（反対意見は）ありませんね、ハイ、以上、承認されました、ハイ、それじゃ挨拶してって。
飯：そうだった？？　それはだまし討ちみたいだね（笑）。
坂：だから、だまされたって（笑）。まさか見学に行ったその日に入会するとは思ってなかった。
柴：あれは、「川古温泉 浜屋旅館」（＠群馬）だったよね。会報誌読めば読むほど、エキスパートな方たちのなかに我々がいてどうする？っていう感じだったし、あえて普通のって、今伺ったからわかったけど、あの時はまさに借りてきた猫の状態…。

見学のつもりだった達人会の総会で、まさかのいきなり入会＆いきなり挨拶（2017/11）

山と温泉

長：で、温泉達人会に入りました、と。この後はネタ的に山の話に移ったらどうでしょう。お二人（鹿野・柴田）はいつも一緒に登られているし、坂口さんも高天原、仙人、阿曽原も行ったし、死ぬ気になりながら。
坂：また、だまされた（笑）。
飯：だまされたって言うのはあながち間違ってないと思うけど（笑）、一応、温泉達人会の会員だし、高天原と仙人行っていれば、胸張って達人会会員って言えるなって思いもあった。高天原とか奥黒部とか行く前に、前哨戦として白馬鑓があったんだったよね。

なんだかんだで、その後の納会では、緊張もとけてほっとひと息

長：白馬鑓は七時間コース？
飯：普通の人は四〜五時間だけど、あの時はゆっくり行ったんだよね。
柴：先発と後発にわかれてね。
飯：だって、山に登ったことないような人もいっぱいいたし、随分と遅れる人もいたしねぇ。今考えると不思議なメンバーだった。
坂：早いメンバーは先に行ってもらってて。
長：早く着いて、絶景露天風呂入ってたもんね。
坂：で、酒飲んで大酔っ払いで（笑）。
長：山といえば、飯出さんの「温泉百名山」って。
飯：温泉百名山というのは、山麓や中腹にいい温泉がある日本の名山百座を選定しようという僕独自の試みなんだけど、それを始めようと思ったのは、闘病のことがきっかけでね。
　術後三年くらいは山に登る気力も体力もなかったんだけど、五年後（二〇一六年）にようやく山に登る気になった。当時、達人会の会報原稿用に石川県の温泉を書かなきゃいけなくて、白山の麓の温泉を改めてひとりで取材に行ったの。たまたま山道具も車に積んであって、これもたまたまなんだけど白山に登ってみようと思い立って登ったら、それがものすごくよかったわけ。
　その時に数えたら、日本百名山（登山家・随筆家、深田久弥氏が定めた日本の名山一〇〇座）は、あと四一座残っていた。当時六九歳で、日本百名山を来年七〇歳（古希）で登り切ろうとメラメラと火がついてしまった。それが温泉百名山につながってね。

長：そのおかげで最近、私も山に連れていってもらってるんだけど…。

柴：今、連れて行かれた、って言おうとした？？（笑）。

飯：基本、単独行だったから。二人が行けないときはひとりで行くけど、最近は僕も足元おぼつかないこともあるしさ。

柴：笹薮ダイブとか（笑）。昨日、飯出さん、五メートルくらい転落していた。

飯：笹だから、すーっ！とね。そんなに急斜面だと思わなくてさ（笑）。体を預けたらそのまんま、すーっと笹の上を滑り落ちて（笑）。驚いたね、やばいわけですよ。だから、うちの家族もできればひとりで登ってほしくないわけ。

長：昨日ね、途中（待ち合せ地点）までひとりで登ったの、山道を一時間半くらい。称明滝《しょうみょうだき》に着いたのが早すぎて、つまんないからその先まで上がっちゃったのね。

坂：じゃ、今度、一緒に山頂目指せばいいじゃん。

長：いやいや、（山頂には温泉がないから）行かないんだけど（笑）。道中ひとりで歩いてたら、ペースもつかめないし、話し相手もいないから気も紛れないし、まだかな、まだかな？しか思わないし。ほんと、ひとりで歩くのってつまんないですねって、昨日言っちゃったんですよ。みんなと歩いているほうがよっぽど楽しい！って。

坂：それ、どっちかだと思うんだよね。みんなと一緒に登るのが楽しいって人と、ひとりで黙々と登るのが楽しいって人と。

飯：山はね、ひとりは楽ですよ、いろんな意味で。自分のペースで歩き、自分のペースで休めるから。ただ、相当自分を律する気持ちがないと途中でイヤになっちゃう。今日はここでいいや、とかさ。そういうのと戦うわけですよ、それが単独行の山なんです。でも、同行者がいると励みになって、ここらへんで苦しくって休みたいんだけど休めない。だからちゃんと歩いて行けるっていうのもあるんですよ。

長：多分そっち（後者）のほうかな、私は。

飯：山の楽しみ方はひとりのときと、グループのときと全然違う。近ごろは山に登るとき二人に打診するけど、二人とも仕事してるから基本的には土日中心。でも土日が必ずいい天気になるとは限んない。（超晴れオンナの）ますみさんがいつも来てくれるなら問題ないんだけどさ（笑）。

長：そうですよぉ、お天気なんて、（私が一緒なら）悪くなるわけがない！

飯：一昨年なんかね、九月の三連休シリーズ、計画立てていたのが全部、台風でことごとく流れた。

柴：飯出さんも、ほんとは平日登りたいのに土日に合わせてくれて…。

飯：僕は天気予報見て晴れるならいつでも行きゃいいんだけど、折角だから山に登ったときの感動、そして山に登ったあとだからこそ味わえる温泉の醍醐味を（二人と）共有したいってのがあるんですよ。この二人と一緒に行くと割といい山に逢える。

　山もいろいろな表情があるから、まったく景色が見えないこともあれば、いい景色が見られるときもある。ピーカンじゃなくても、むしろそのほうが山の変化があるわけ。霧とかガスとかの流れとか、毎回違う。季節によっても違うし。そんなこんなで、できれば二人と行きたいなっていう思いが強いから、ずっと一緒に行っている感じ。

長：まさに、御老公と助さん格さん（笑）。

飯：で、昨日、妙高山登ったでしょ。予定ではあと一つ、残すところ北岳のみ。温泉百名山を北岳で完結にもって行きたいわけ。ま、その前に、月山と鳥海山にも登ることになっちゃったんだけど。

長：これ（温泉達人会二〇二一年会報）が出るころには、完結しているわけですね。

飯：そうですね！

鹿：無事に下山したら、麓の奈良田温泉「白根館」（＠山梨）でお祝いを。

柴：ますみさんには（晴れるように北岳の）麓でうろうろしていてもらわないと（笑）。

飯：白根館でのお祝いは達成直後のお祝いで、（秘湯ロマンス隊の）みんなでのお祝いは「湯俣温泉」（＠長野）かな。

雲ノ平間近の雪原にて。仲間との感動の共有こそが、グループ登山の醍醐味でもある

片道二日間歩いてたどり着いた高天原温泉。御老公と助さん格さんもご満悦

最後に

飯：今回の座談会の〆にね、四人が達人会に入ってみて、どうだったかの感想を聞いてみたい。

坂：だ、だまされたんですぅ（笑）。だまされたけど、面白い。いろんな人がいるし、全然知らない所の温泉とかの話もできるし、自分と違う価値観の人と話してみるって面白いじゃないですか。そういうことができるのは、すごくありがたい。

飯：四人に期待したのは、温泉での付き合いは温泉ソムリエの間ぐらいだけだと思うから、それとは毛色の違ったエキスパートの連中が、どんな思いをして温泉巡りをしているか、ってのにふれるのもいいんじゃないかな、って思いがすごくあった。それと同時に達人会のメンバーにとっても、あ、この人たちの感覚がフツーなんだなっていうのを感じてもらうのもいいかな、っていう思いもあった。

長：情報源が本しかなかった時代の話、たまたま達人会の本を書店で見つけて、買ってしまって、家に戻って開いてみて、「あれ？　これは私のレベルじゃないな（笑）。買うの間違ったな」と思った。まさかその会に入れてもらえるとは夢にも思わず。

飯：実際のところ、一〇〇〇部刷ってそのうちの四〜五〇〇部しか書店に回ってないですから。残りは会員の買い取りと僕の手売りが頼り（笑）。なんとか七〜八割売れれば次の年にも会報が出せるっていう。

長：会報でいろいろ勉強させてもらっています（笑）。いつも隅から隅まで読んでますよ、知らない温泉地が出てくるといつも一つずつ調べてますもん。

飯：あ、本当⁉

長：ちゃんと勉強してるでしょ（笑）ってことで、これからもよろしくお願いします。

鹿：達人会っていうと、雲の上の存在、凄い人たちの集まるところろって感じで、借りてきた猫状態、猛獣がいるなかで檻の中に入れられた鼠、みたいな。あ、鹿か（笑）。総会に行ったときに戸惑いとかありましたけど、回数を重ねるごとに打ちとけていけた気が。野湯の会とか行きたいけど、なかなかスケジュール的に合わなくて行けてない。ようやく総会も四回出席で、今後はそういう分科会にもいろいろ参加したいなぁと思いつつ、お話も聞いていきたいな、と思っています。

柴：魑魅魍魎の潜む森の中に放り込まれた気分でしたけれども、お酒飲みながらお話をするとエキスパートなんだけど話せば意外と普通の方で、それがわかったのがうれしい誤算。会報を見た限りでは変わり者の人ばっかりなんだろうなぁと思っていたのが、実はそうでもなかった（笑）。我々がフツーの感覚を持ち込めるかどうかわからないけど。そもそも我々がフツーかどうかが怪しいんですけど（笑）。

一同：（同感）

柴：会として、会の存在を広めたいのか、マニアな道を進んでいこうとしているのか、未だに方向性がわからない点もある。

飯：それは、僕も含めて古参会員もわかってない（笑）。

柴：どっちに行くのか楽しみにしつつ、我々は今のところ、新参者＝若手のほうにはいますけど、さらなる若返りをするために若手メンバーが入ってきたりすれば、それはそれで面白いかなぁって思う。

長：ダメだよ、若手が入ってきたりしたら、私たち中堅になっちゃうから。

柴：いつまでも下じゃいられないですよ（笑）。

飯：基本、温泉に入れ込んでいる人たちは、普通の人たちのなかに入れば、それはそれで変わってるって言われるし、変わっているなかでさらに変わっているのが、よくいえばエキスパートだし、まぁ、はぐれものの集団だからね。この業界で飯食ってる会員はほとんどいないし、世間ではそれなりに社会人をやっている、皆普通にお勤めの方ばかりであるのは確かなので。

柴：そうですね、マスコミ系の人もあまりいないし…。

飯：有給休暇、すべて温泉につぎ込んできた、という人たちばかりですね（笑）。

長：耳が痛いわ（笑）。

一同：（笑）

通算三回目の座談会は、「妙高山」（@新潟）に登った翌日、燕温泉「樺太館」の休憩室を使わせていただき、新型コロナ感染防止対策をとって収録しました。この場をお借りして、快くご協力いただいた若旦那の内記さんと女将さんに改めて御礼申し上げます、ありがとうございました。

薩摩硫黄島・東温泉にて

私の好きな温泉

南九州編　File 324～343

飯出敏夫

　この稿もついに南九州編まで来たかと思うと感慨深い。当初は本州も半ばくらいまでしか届かないのではないか、と正直思っていたから。

　九州には毎年一度は行っている。直近は、二〇一九年五月、二〇一八年は行けなかったが、二〇一七年以前は毎年行っていた。ただし、温泉を精力的にめぐったのは二〇一六年まで。以降は日本百名山と温泉百名山の選定登山の途中に立ち寄るだけになった。

　大分県と鹿児島県の温泉は精力的に回ったが、宮崎県には近年ほとんど行ってないので、白鳥温泉一湯になってしまった。また、本稿の温泉データも取材当時のものであることをお断りしておく。

大分県

324　鉄輪《かんなわ》温泉

　伝統的な温泉街や湯治文化を色濃く残す鉄輪温泉は、別府八湯のなかでも温泉地の魅力が凝縮された別格的存在だ。適当に観光地化もされており、至るところで立ち込める蒸気や噴気、湯の香漂う街歩きや路地歩き、ハシゴ湯や食べ歩きも楽しめる。市営熱の湯温泉も安価な共同浴場の一つだが、ここはなんと無料である。まさに泉都別府の真骨頂。安価な貸間に滞在して、のんびりと湯治ライフを楽しんでみたい、と訪ねるたびに思う。

★ナトリウム－塩化物泉、83・4℃（市営熱の湯温泉）ほか

壁湯温泉・旅館福元屋の天然洞窟風呂

由布院温泉・山のホテル夢想園の「空海の湯」

鉄輪温泉・市営熱の湯温泉

325 由布院温泉

別府八湯のにぎわいを嫌って、その奥座敷として開かれた温泉地だが、先見の明があるリーダーに恵まれ、文化と芸術の香りがする日本を代表するハイセンスな温泉地に発展した。秀峰由布岳を望む田園風景の中に、良質な高級旅館の存在が際立つが、まだまだ手ごろな価格の宿も多い。昼間の中心地は都会さながらのにぎわいだが、静けさの戻った夜、田園に蛍が飛び交う様などに遭遇すると、由布院の魅力の一端にふれる思いがする。

★アルカリ性単純温泉、62・5℃（山のホテル夢想園）ほか

326 奥湯《おくゆ》の郷《さと》温泉

由布院から車で二〇分ほど、心細くなるような山道の奥に、忽然と戸数十一ほどの集落が現れる。移住者以外はすべて日野姓を名乗り、平家の落人集落とまことしやかに語り継がれている隠れ里だ。その集落の中に湯宿がたった一軒ある。過疎地対策として旧湯布院町が建設し、集落の人たちが管理・運営する宿だ。素晴らしいのは次第に青白く変色する神秘的な湯、そしてリーズナブルな宿泊料金と心のこもった料理が好評の佳宿である。

★ナトリウム－塩化物泉、99・0℃（奥湯の郷）

327 壁湯温泉

この方面に行くと必ず脚を止めるのが壁湯温泉の一軒宿、旅館福元屋だ。多才でユニークなご主人と料理上手な奥さんの手作り料理、そして町田川の清流に臨む天然洞窟風呂。岩壁から自噴する湯をそのままに露天風呂とした野趣あふれる造りで、ぬる湯にじっくり浸かっていると、まさに俗塵を忘れる。貸切使用の二つの風呂にも凝り性なご主人のエッセンスが詰まっている。主人自ら栽培収穫する美味しいコメの味も記憶に鮮明だ。

★単純温泉、36・6℃（旅館福元屋）

328 川底温泉

壁湯温泉から国道三八七号を熊本方向に進むと、県境近くの町田川の左岸に川底温泉の一軒宿、旅館蛍川荘がポツンと建っている。宿へは橋を渡っていく。風呂は河原から湧く源泉の真上に浴槽を設けた、いわゆる足元湧出泉が人気だ。一時宿泊を辞めて日帰り入浴だけ営業していた時期があったが、先年建物や風呂をリニューアルし、橋も新しくして宿泊も再開。以前の浴場は混浴だったと記憶しているが、現在は男女別になっている。

★ナトリウム－塩化物泉、88・3℃（旅館蛍川荘）

赤川温泉・赤川荘の露天風呂

七里田温泉・下湯

長湯温泉・ラムネ温泉館の露天風呂

329 赤川温泉

久住山の登山口に湧く温泉で、冷鉱泉ながら真っ白に変色する湯が印象に残る。赤川荘は滝を眺めながら浸かる冷たい源泉のままの露天風呂が見事で、冬場は辛いが、真夏は極楽の湯だ。もちろん、内湯は加温されているから温冷交互浴が楽しい。宿はベッドの部屋もある洒落た山荘風の造りだが、近年は宿泊は辞め、日帰り入浴も日時を限定しているようなので、行かれる場合はそのへんのことを確認してから訪問されたい。

★含硫黄・二酸化炭素－マグネシウム・ナトリウム・カルシウム－炭酸水素塩・硫酸塩冷鉱泉、23・3℃（赤川荘）している

330 筌《うけ》ノ《の》口《くち》温泉

やまなみハイウェイの中心、飯田高原から西へ。九酔渓方面に向かう途中の谷間にある温泉。かつては複数の宿があったが、現在は旅館新清館と共同浴場があるのみ。ところが、この旅館の風呂も共同浴場の風呂も実に魅力的だ。旅館新清館の敷地は広く、その森の中には驚くほどの立派な男女別の露天風呂が設けられている。共同浴場の楕円形の浴槽もかなり大きい。湯は茶褐色に変色する、いかにも濃厚そうなにごり湯である。

★ナトリウム・マグネシウム・カルシウム－炭酸水素塩・硫酸塩泉、48・8℃（旅館新清館）

331 七《しち》里《り》田《だ》温泉

いま人気絶頂の炭酸泉（含二酸化炭素泉）だが、その最高峰と問われれば、筆者はここを推す。のどかな山里風景が広がる七里田集落には立派な施設の日帰り温泉館（下湯の受け付けもここで）もあるが、お目当ての下湯は、いかにも集落の中の湯小屋といった風情で建つ共同浴場だ。ちょっと有名になりすぎていつも混むようになったのは難だが、空くのを根気よく待って、この肌にびっしりと泡が付く湯の快感を味わってほしい。

★含二酸化炭素－マグネシウム・ナトリウム・カルシウム－炭酸水素塩・硫酸塩泉、36・3℃（下湯）

332 長湯温泉

炭酸泉としてはこの長湯温泉が一番有名だろう。普通、炭酸泉は低温の湯に多く見られるが、長湯温泉は泉温が高いにも関わらず、二酸化炭素の含有量が多いのが特徴だ。療養効果が高い湯治場としての歴史に加え、飲泉文化も採り入れるなど、温泉を核とした街づくりを推進してきたことでも知られる。芹川の流れの中に造られた露天風呂「ガニ湯」はシンボル的存在。御

丸尾温泉・旅行人山荘の「大隅の湯」

新湯温泉・霧島新燃荘の外湯

白鳥温泉・上湯の露天風呂

前湯やラムネ温泉館など、日帰り入浴施設も充実している。

★含二酸化炭素－マグネシウム・ナトリウム・カルシウム－炭酸水素塩泉、32・3℃と41・2℃（ラムネ温泉館）ほか

宮崎県

333 白鳥《しらとり》温泉

えびの市からえびの高原へ至る道の途中にあり、施設は下湯と上湯の二軒。ここは西郷隆盛が下野して帰郷し、西南戦争で敗れる前、三カ月ほど滞在して温泉と狩猟に興じたゆかりの地として知られる。現在は下湯も上湯も日帰り入浴が主体で、旅館のような食事を提供する宿泊施設ではなくなっているが、沿線では貴重な存在であることには変わりはない。上湯の露天風呂からは加久藤盆地が一望になり、爽快な湯あみが楽しめる。

★単純温泉、50・2℃（上湯）ほか

鹿児島県

334 新湯《しんゆ》温泉

霧島連山の南麓に点在する温泉群は霧島温泉郷と総称されているが、それぞれ個性的な温泉が多い。そんななかから三湯取り上げる。最初の新湯温泉は新燃岳の中腹、標高九二〇メートルの温泉郷最高所に湧く一軒宿の温泉だ。その特徴は大量の硫化水素を含んだ乳白色の硫黄泉。皮膚病に特効があるとの評判を呼び、各地から療養客が訪れる。宿は民営国民宿舎の簡素な造りだったが、近年リニューアルし、一般的な湯宿へと変身している。

★単純硫黄泉、62・7℃（霧島新燃荘）

335 丸尾温泉

霧島温泉郷の中心で、北はえびの市、南西は新川渓谷温泉郷経由で鹿児島方面に結ぶ交通の要衝でもあり、宿もここに集中している。おすすめは高台に建つ旅行人山荘。森の中に設けられた貸切露天風呂もいいが、やはり展望抜群の露天風呂が圧巻だ。眼下に樹海が広がり、噴煙上げる桜島や大隅半島までが視界に入る。夕焼け時も朝日が昇る時も、ここの露天風呂は特別な景色を見せてくれる。我が国屈指の展望露天風呂といえよう。

★単純硫黄泉、65・3℃（旅行人山荘の露天風呂）ほか

336 湯之谷温泉

霧島温泉郷の中で、もっとも鄙びた風情を感じさせてくれるのが一軒宿の湯之谷温泉だ。江戸時代から湯治場として賑わっていたという歴史があり、現在も長期滞在する湯

紫尾温泉・旅籠しび荘の内湯

妙見温泉・妙見石原荘の「椋の木野天風呂」

湯之谷温泉・霧島湯之谷山荘の内湯

治客が少なくないという。湯船が三つ並ぶ内湯の造りが秀逸。湯は硫黄泉と炭酸泉というが、温泉分析書は硫黄泉しか見当たらなかった。泉質はともかく、この湯船の造りといつまででも入っていられそうなぬるめの湯が抜群に気持ちいい。ほかに露天風呂が一つある。

★単純硫黄泉、44・1℃（霧島湯之谷山荘）ほか

337 妙見温泉

霧島から錦江湾に注ぐ天降川の渓谷沿いに温泉が点在するのが新川渓谷温泉郷だ。坂本竜馬・お竜が新婚旅行に訪れたという塩浸《しおびたし》温泉はこの最上流にあり、二人はここから高千穂峰に登ったという。中心は妙見温泉で、名宿として知られる妙見石原荘、忘れの里雅叙苑のほか、湯治宿風の鄙びた湯宿も数軒ある。高級旅館ながら温泉にもこだわる妙見石原荘では、天降川の流れを目前にする野趣豊かな「椋の木野天風呂」が気に入っている。

★ナトリウム・カルシウム・マグネシウム－炭酸水素塩泉、55・2℃（妙見石原荘の椋の木露天風呂）ほか

338 栗野岳温泉

ここも西郷隆盛ゆかりの地で、一軒宿の南洲館の名称もその故事に由来している。この方面に行ったときは必ず泊まっていると言ってもいい大好きな湯宿だ。源泉は三種類あり、泥湯の「竹の湯」は酸性・含鉄（Ⅱ・Ⅲ）－アンモニア－硫酸塩泉、源泉温度九〇度という珍しい泉質。ほかに天然サウナの「蒸し風呂」、宿泊棟には檜風呂もある。温泉の蒸気で鶏一羽を丸ごと蒸し上げる「鶏の丸蒸し」（別注で予約制）が名物の味。

★酸性単純硫黄泉、61・2℃（南洲館の桜湯）ほか

339 紫尾《しび》温泉

内陸部から一湯あげるとすれば、およそ千五百年前に創建されたという紫尾神社の拝殿下から源泉が湧出しているという、神秘めいた雰囲気がある紫尾温泉を選ぶ。山里の環境も素晴らしく、心落ち着ける時間が過ごせる。ほぼ門前に建つ旅籠しび荘は紫尾温泉きっての老舗で、湯船が二つある内湯、渓流に臨む露天風呂に二種類の源泉がかけ流しで注ぐ。紫尾神社に隣接して共同浴場もあるが、源泉の新鮮度では旅籠しび荘のほうが上だ。

★アルカリ性単純硫黄泉、44・0℃と50・3℃（旅籠しび荘の内湯）

340 湯川内《ゆがわち》温泉

藩政時代は薩摩の殿様御用

湯川内温泉・かじか荘の足元湧出泉

指宿温泉・二月田温泉 殿様湯

鰻温泉・区営鰻温泉（鰻区公衆浴場）

達の湯で、一般庶民は入れなかったという由緒正しき温泉だが、出水市郊外の山中にあるたたずまいは秘湯そのもの。魅力は、なんといっても素晴らしい湯に尽きる。独立した浴場棟の下の湯と上の湯があるが、メインは湯船が大きな下の湯。実にきれいな湯で、それもそのはず足元湧出泉だ。筆者は旅館だったときに念願叶って泊まることができたが、まもなく休業。現在は、日帰り入浴施設として営業している。

★アルカリ性単純温泉、36・3℃〜38・4℃（かじか荘）

341 指宿《いぶすき》温泉

鹿児島を代表する温泉地で、名物の天然砂蒸し温泉とともに、その著名度は全国区だ。かつては新婚旅行の聖地といった趣で、大型ホテルも林立するほどの大温泉地だが、実は広い範囲に点在する日帰り温泉施設（ほぼ銭湯の趣）の存在を忘れるわけにはいかない。○に十の島津家の家紋が湯船に刻まれた二月田《にがつでん》温泉殿様湯、鄙びた独特の風情が魅力の山之湯や弥次ヶ湯など、いずれも指宿温泉の底力を感じさせる施設が揃っている。

★ナトリウム－塩化物泉、52・0℃（二月田温泉・殿様湯）ほか

342 鰻《うなぎ》温泉

大きな円形の火口湖、鰻池北東部の湖畔に湯煙を漂わせている温泉。小さな集落のいたるところから高温の蒸気が噴出し、各家庭ではその蒸気を利用した温泉蒸し釜を備えて煮炊きに使っている。そんなのどかな情景も印象に残るが、入浴は集落の玄関口のような場所に共同浴場「区営鰻温泉」があり、気楽に汗を流せる。ほかにも、食堂を兼営し、立ち寄り湯も受け付けている宿もあり、日ごろの緊張を解き放すにはもってこいの環境だ。

★単純硫黄泉、97・2℃（区営鰻温泉）

343 東温泉

ずっとあこがれていて、なかなか訪問できなかったのが薩摩硫黄島の東温泉だった。ようやく訪ねる機会を得たのは二〇一四年二月。数えてみたら、もう七年半も経過している。時の経過の早いことを痛感させられる。東温泉に行くには日帰りでは無理だから、このワイルドな露天風呂で半日近く楽しむプランにしたが、あとで温泉分析書を入手してみて驚いた。pH1・6の酸性泉。長く浸かっていてはいけない自然湧出の酸性泉だった。

★酸性－アルミニウム・ナトリウム－硫酸塩・塩化物泉、54・1℃（東温泉）

温泉達人会メンバーズ 活動レポート

2020.9.1▶2021.8.31

温泉達人会・会員による1年間の活動報告（五十音順）

青沼 章（あおぬま・あきら）

◉忘れ去られた湯を訪ね、こっそりと入浴することを目論む輩。何時間も藪漕ぎをして訪ねた地に温泉がないと、ちょっとがっかりする。ちょろちょろでも、冷たくても、見つけられたなら満足。ほかの人のトレースは不得意。

一〇年ほど前になるだろうか。ここにヒューム管が垂直に埋められたのは。最初は深さが二メートルほどあり、横を流れる温泉を管にためようと思っても漏水してしまい、上手くいかなかった。

それから一〇年ほど経って改めて訪れてみると、丁度よい深さに管の中は砂や石で埋められていた。誰かが埋めて入浴に適した深さにしたのだろう。しかし、それを快く思わない人によって石や岩が放り込まれ、さらに埋められていた。つまり、一度も適当な深さになった状態を見ていないのだ。

埋められていたヒューム管

さて、それから二〇日ほど経ち、近くを通りかかったこともあり一度のぞいてみた。すると、石や岩はどけられ、湯が満たされているではないか。以前は高すぎた湯温も適温になっている（源泉温度が下がったのかな?）。しばらくは近くを訪れるごとに行ってみよう。知る人ぞ知るS高原にあるオーバーフロー。

岩や石がどけられ、湯が満たされたヒューム管

青沼奈津子（あおぬま・なつこ）

◉今年還暦を迎えた。けど、自覚はまったくない。還暦のお祝いもないし、赤いチャンチャンコも着なかった。ひと昔前なら職場で花束もらったり、送別会とかやったのかもだけど、契約の更新があっただけだった。65歳まで働けるそうだ（働きたくないけど）。このコロナ禍、仕事があるだけマシなのかも。

昨年に続き、コロナに翻弄された一年でした。幸いにも自身や身内に今のところ陽性者が出てないのが何よりです。そんななかで一つだけ私にとってよかったこと、それは「GoToトラベル」です。

何かと物議を醸し結局は中止になったけど、ありがたく使わせていただきました。利用施設は、

山形県　瀬見「喜至楼」、白布「不動閣」
秋田県　泥湯「奥山旅館」
岐阜県　新穂高「槍見館」
長野県「中房温泉」、湯田中「よろづや」志賀高原「熊の湯ホテル」、「一望閣」

どの施設も感染対策に十分配慮していて、安心して泊まることができてよかったです。

GoToトラベルが中止になってからは、長野県限定の

クーポンで「高峰温泉」「横谷温泉」「野沢温泉」に泊まりました。日帰りでも十分行けるけど、泊まってみて改めてよさを再認識しました。

ワクチン接種も済んだし、感染拡大が終息すれば、今年の年末は九州に里帰り旅行したいと思います。

飯出敏夫（いいで・としお）

●年間100日以上を全国の温泉取材に費やす温泉紀行ライター。得意分野は秘湯系。主な著書に『一度は泊まってみたい秘湯の宿70』『名湯・秘湯の山旅』『達人の秘湯宿』など。WEBサイト「温泉達人コレクション」を配信中。

二〇二〇年九月～二〇二一年八月に入湯したのは以下の通り。二〇二〇年秋には「温泉百名山」選定の取材登山が完結する予定だったが、九月の北海道遠征の帰途に左膝を故障し、あと十座ほどを残して断念することに。それでも温泉にはぼちぼち行っていたが、二〇二一年一月に左変形性膝関節症の手術&リハビリで五週間入院。以降も自宅でリハビリに専念し、五月末からようやく「温泉百名山」選定登山に復帰。そのプロジェクト絡みで思いのほか入湯したが、初入湯は北海道のモッタ海岸温泉、仁伏温泉、中岳温泉（野湯）、真狩温泉、福島県の月光温泉、聖石温泉、宮城県の宮沢温泉の七湯のみだった。

二〇二〇年九月

倶知安温泉、モッタ海岸温泉、支笏湖温泉、羅臼温泉、岩尾別温泉、阿寒湖温泉、仁伏温泉、芽登温泉、東神楽温泉、吹上温泉、十勝岳温泉、中岳温泉（野湯）

一〇月

村杉温泉、出湯温泉、越後長野温泉、発哺温泉、小谷温泉、蓮華温泉、藤七温泉

十一月

休暇村乳頭温泉郷の温泉、強首温泉、駒ヶ岳温泉、高湯温泉、休暇村能登千里浜温泉、白山一里野温泉

北海道・中岳温泉（2020.9.12）

一二月

姥子温泉

二〇二一年三月

月光温泉、聖石温泉、高湯温泉

五月

姥子温泉、月光温泉、横向温泉、中塩原温泉、四万温泉、法師温泉

六月

鎌先温泉、東鳴子温泉、宮沢温泉、国見温泉、中塩原温泉、三斗小屋温泉、奥塩原新湯温泉、湯ノ花温泉、中禅寺温泉、村杉温泉

七月

栃尾又温泉、駒の湯温泉、秩父川端温泉、赤倉温泉、草津温泉、丸駒温泉、ニセコ五色温泉、上の湯温泉、支笏湖温泉、オソウシ温泉、トムラウシ温泉、吹上温泉、十勝岳温泉、白金温泉、真狩温泉、濁川温泉、嶽温泉、百沢温泉、奥州平泉温泉

八月

夏油温泉、巣郷温泉、高湯温泉、三条の湯、燕温泉

岩手県・夏油温泉観光ホテル（2021.8.2）

伊織（いおり・稲村信吉）

●熱いお湯と素朴な共同湯と古い建物の旅館と昔の佇まいを残す温泉地が好き。

　今年度も新型コロナウイルスに振り回された一年だった。GoToトラベルキャンペーンが実施されていた期間には、鉛温泉 藤三旅館や夏油温泉元湯夏油に湯治に行ったり、友人たちと半出来温泉 登喜和荘と湯宿温泉 湯本館に宿泊したが、それ以降は例年通り酸ケ湯温泉に山スキーに通うくらいだった。

　それ以外には二月に肘折温泉 西本屋に湯治に行ったのと、五月の連休後半に元湯夏油が営業していなかったので、鉛温泉 藤三旅館で湯治。ワクチン二回目が済んでから、夏休みを酸ケ湯で過ごし、友人たちと群馬の松の湯温泉松渓館に宿泊した。

　そのほかには、青森の日帰り施設巡りも続けている。

この春に雪崩で脱衣小屋と屋根が倒壊し、開放的になった元湯夏油の大湯

　健康の森花岡プラザ（青森市浪岡）、さるか荘温泉（平川市）、西豊田温泉 藤崎老人福祉センター（藤崎町）、まえだやしき温泉 ほからっと（田舎館村）、花咲温泉（弘前市）、川部温泉 田舎館村ふれあいセンター（田舎館村）、ときわ温泉（藤崎町）、高増温泉 不動乃湯（板柳町）、古懸コミュニティ浴場（平川市）、桔梗野温泉（弘前市）。

　あと、岩手県の黒石温泉（岩手町）、老人福祉センター玉ぶき荘（岩手町）、秋田県の花岡温泉に再訪（大館市）、軽井沢温泉（大館市）に再訪、ほうおう庭と達子森温泉 ハチ公荘（大館市）など。

　大館市の花岡温泉が二〇二〇年一二月末で閉業してしまったのは大変残念である。「花岡温泉を復活する会」が大館市に宛てて、温泉再開の支援を求める要望書と署名簿を提出したと報じられたが、その後どうなったのだろうか。私も惜別入浴に行った際に署名したのだが、なんとか復活が叶ってほしいと願っている。

花岡温泉

五十嵐光喜（いがらし・こうき）

●島と山と温泉を愛する旅人。私の温泉は山行の汚れを落とし疲れを癒やすことが主目的となることが多い。

　日本百名山、日本二百名山。日本三百名山、日本百高山、関東百名山、東北百名山、群馬百名山、栃木百名山を完登し、現在は主に日本五百名山、しま（島）・山１００選、山梨百名山、静岡百山、かながわ百名山、うつくしま（福島）百名山などを目指して旅しております。

　今春に退職し、旅人に専念できるようになりました。温泉の方は、コロナの影響などで思うように行くことができませんでした。

　オリンピックのチケットが当選していましたが、無観客開催となり無効になりました。七月二五日のソフトボール、メキシコ対イタリア戦と八月二日の野球、韓国対イス

横浜球場に展示されたいる、五輪で野球に参加した各国選手の寄せ書き

ラエル戦のチケットです。オリンピック観戦行きたかったな。仕方ないからテレビで観戦しました。

ステイホーム中には、テレビのグレートトラバース（日本三百名山）にハマりました。以前登った山々が出てくるので懐かしいです。

またこの番組中には、各地の温泉もたくさん出てくるのでそれも楽しみです、去年当会の納会をした藤七温泉も登場し、泥パックをしていたのも面白かったです。

東京都伊豆諸島の式根島の御釜湾海中温泉に行ってきました。船をチャーターして近くまで行き、最後は海を泳いでたどり着く温泉です。私自身はワクチン接種もしたし、あとはコロナが終息し、以前のように島と山と温泉の旅に出られるようになることを願っています。

式根島の御釜湾海中温泉

井澤俊二（いざわ・しゅんじ）

●温泉も人生もぬるいのが好みの無類のぬる湯好き。近ごろは、連泊や気に入った宿のリピートを主に湯巡り中。

温泉街も温泉宿も青息吐息。宿は客が来なければ、収入激減のち廃業の憂き目。お待ちくだされ、助太刀いたす！ということで、微力ながら宿泊主体で温泉へ（単独行動で）馳せ参じた。

二〇二〇年九月　未湯。

一〇月　滑川温泉 福島屋に二連泊（ＧｏＴｏ利用。以下、Ｇｏ）。姥湯温泉への道中にある自炊もできる宿。今回は食事付きで／田沢温泉 ますや旅館に二連泊（Ｇｏ）。三階建木造の島崎藤村ゆかりの宿。コロナ対策で一フロアひと組宿泊の贅沢。さらに部屋食でひとりのんびりぬる湯三昧。立ち寄りで、有乳湯／藤七温泉 彩雲荘に総会・納会の居残り含め二連泊（Ｇｏ）。初日は荒天で吹雪だったが、三日目の朝は青空が広がる。表紙撮影が一日あとだったら…。立ち寄りで、松川温泉 峡雲荘、八幡平南温泉 旭日之湯。

十一月　塔ノ沢温泉 一の湯本館（Ｇｏ）。元老舗旅館がリーズナブルに。立ち寄りで、宮城野温泉会館。

一二月　鳴子温泉 旅館すがわらに素泊まり（Ｇｏ）。ブルーの湯で知られるもブルーにならず、心はブルー。立ち寄りで早稲田桟敷湯、滝乃湯／肘折温泉 亀屋に二連泊（Ｇｏ）。二源泉入れる素朴な宿。立ち寄りで上の湯、いでゆ館／塔ノ沢温泉 福住楼。ＧｏＴｏ利用なので普段行かない高めの宿へ。広めの部屋&部屋食で優雅に／亀山温泉ホテル（Ｇｏ）。色の濃い黒湯。二七度弱の源泉浴槽（男湯のみ）との交互浴がやみつき。立ち寄りで、小糸川温泉／春日居温泉 春日居ホテル（Ｇｏ）。カニ食べ放題のバイキングにつられて。

二〇二一年一月　未湯

二月　未湯

三月　北温泉旅館に自炊二連泊。両日とも客はひとりで貸切状態。風呂入り放題。
四月　名古屋クラウンホテル。温泉付きビジホに所用で宿泊／法師温泉。有名宿だが、このぬる湯の湯屋は最高。ほぼ浴室で過ごす／伊香保温泉 石坂旅館に素泊まり。名所の石段に人っ子一人いない時間が何度も。ゴースト温泉街。立ち寄りで、石段の湯／養老渓谷温泉 天龍荘。所用の帰りに宿泊。
五月　塔ノ沢温泉一の湯本館。今度は露天風呂付き客室！／伊東温泉 ホテルニュー岡部。近くに行ったので、ほんの気まぐれ／川治温泉 登龍館に宿泊。広々ぬる湯で長湯が気持ちいい／早戸温泉 つるの湯に自炊二連泊。新しい自炊棟で快湯快食／微温湯温泉 二階堂旅館。いつもよりいい部屋でぬる湯を堪能。立ち寄りで、熱塩温泉 下の湯共同浴場。

歩いている人が誰もいない、昼下がりの伊香保温泉の石段に猫が一匹

六月　伊豆山温泉 水葉亭に一泊。まさかそばが、あんな災害に遭うなんて…／塔ノ沢温泉 元湯環翠楼。福住楼から川向こうに見えていた宿にも一泊／夏油温泉 元湯夏油に自炊二連泊。大湯は熱くて入れなかったが、仙気の湯はぬるくてついつい長湯。
七月　水沢温泉 元湯。同系列の水沢露天風呂と合わせ技で宿泊／乳頭温泉郷 黒湯に自炊二連泊。茅葺の自炊棟はやっぱいいね。
八月　白浜元湯温泉 ウミサトホテル。夕食は海を見ながらバイキングで浜焼き／湯の澤鉱泉。イン十一時、アウト一四時の「のんびりプラン」で、のんびり。

井湯（いとう・伊藤啓高）

◉仕事ついでの立ち寄り湯、時々、飛行機で行く日帰り温泉を楽しんでおります。コロナ禍で引きこもり生活になってしまいました。希望としては、旅に出たい！

温泉行きたいですね。
コロナ自粛と最近のキャンプブームに便乗して、ソロキャンプを始めてみました。

ソロキャンプには十分すぎる広々テント

自然の中で炭火で料理。そして一杯

二〇年近く使ってなかった道具は、さすがに使えなくていろいろ買い直しました。
現在、道具沼にハマっている状態です。ひとりでぼんやりと炎を眺めて過ごす時間。何より、外飯を食らいながらのお酒は至福なのです。コロナ自粛が終わったら、温泉とキャンプを組み合わせて楽しい旅を再開したいと思います。

いなせ家半七（国本貴久）

◉昭和34年3月13日大阪市生まれ。昭和55年5月入門。平成8年真打昇進。

二〇二〇年一二月

山形県　羽根沢温泉
山形県　白布温泉
福島県　高湯温泉
二〇二一年七月
長野県　春日温泉
長野県　来馬温泉
長野県　熊の湯温泉

金子茂子（かねこ・しげこ）

●20代はダイビングで各地の海を潜り、冷えた体を温めるため海辺のマニアックな温泉に入っていました。その後、温泉バイブル片手に湯巡りしていた現在の主人の趣味に便乗し、温泉にはまることに。ぬるい温泉にじっくり浸かるのが大好きです。

「ステーキを食べに赤岳鉱泉に登ってきました」

　テレビの前でうたた寝中、「コーセンのある山小屋でステーキが食べられる」という言葉が耳に入ってきました。

　コーセン、鉱泉？　つまり温泉だ。

「絶対に行く！」「すぐ行きたい！」となり、主人を巻き込んで夏に行ってきました。

※詳しい行程はこの本の中の自由原稿で主人がレポートしていますので、読んで下さい（P2）。

　ステーキは毎晩出るわけではなく、ローテーションの一つとのことで、到着するまでドキドキでしたが、受付の黒板に「本日のメニュー　ステーキ」の文字を目にしたときは、思わず「やったぁー」と声をあげてしまいました。

　山小屋で食べる「ステーキ」は最高に美味しかった！

　疲れた身体にやさしいお湯にも浸かれて、贅沢なひと時でした（赤岳鉱泉は感染対策バッチリです）。コロナ禍になり、温泉旅行や飲み会に行けず、最近はスポーツジム通いの日々を送っています（その後のビールが美味しくて、まったく痩せませんが…）。

　お風呂はジムのシャワーだけで済ませてしまい、自宅の湯船に入らなくなったので、熱い湯や長湯が苦手になってしまいました。

　こんなことでは、温泉好きなんて言えませんね。

お目当のステーキ夕食！

赤岳鉱泉の浴室

金子真人（かねこ・まさと）

●眺望がよい温泉、自然な佇まいの温泉、着くまで体力勝負の温泉に興味があります。いつも温泉主体の旅ですが、野湯巡りのあとは滝の見学など観光もします。屋久島に行った際は海中温泉のあと、縄文杉も見てみたいと思う、普通の温泉好きです。

　人と会わない。出かけない。人と一緒に行動しない。特に食事と酒はダメ。

　感染症対策の日々が長引くなか、この一年間の旅行回数は小旅行含めて一四回とやや低調でした。しかもその内容は従前と大きく異なり、従来の温泉七割＋そのほか三割の配分が真逆になる傾向に。

　そして同行するのは、もっぱら家内オンリー。六月の会員数名との遠征予定も、自分の判断で止めてしまった。

　一年間の旅行のなかで、八ヶ岳山行について投稿しました（P2）。

　感染症対策はもう十分習慣付いたので、叙述にはコロナ色を封印しました。そのためビフォーコロナの出来事に映るかもしれません。

坂口裕之（さかぐち・ひろゆき）

●景色のよい温泉、歴史を感じる温泉が好きです。普段はデジタルな仕事に追われているが、休日は温泉に浸かりながらのんびりと過ごしています。いつも温泉がつないでくれる、素敵な湯縁に日々感謝です。

今年もコロナ禍でなかなかいつものようには湯巡りはできませんでしたが、そんななかでもいくつか温泉を楽しむことができました。

【硫黄とり沢】

この日の天気は曇。紅葉も終わり始めた山を歩くには暑くなく、また道中はそれほど急な道でもなかったため、一時間三〇分ほど歩くと眼前に広がる白濁した川が現れる。心躍るも見事に白濁した川を見渡しながら、快適に湯遊びができるポイントを探しつつ、野山に広がる風景を写真に収める。

硫黄とり沢で硫黄まみれ

湯温を確認してみると下流のほうはぬるめだが上流に行くほどに適温になっており、ここだというポイントで、湯遊びを楽しみました。

【然別湖コタン 氷上露天風呂】

氷上露天風呂は冬季限定で、然別湖が氷におおわれている間にしか入れない。湖面の上とあって白銀の世界はさえぎるものもなく、景色は絶景。訪れた日は天気もよく、心地よい風が吹いており、半身浴をしながら温泉を楽しめました。

然別湖コタン・氷上露天風呂にて

【然別峡 鹿の湯】

現地までは雪で覆われており、スノーシューを履いて鹿の湯に。スノーシューを履いていたおかげで雪の上も歩きやすく、目指す鹿の湯まではゆっくりと歩いても二〇分ぐらいで到着。

地元の方が一人先客で入っていましたが、お隣にお邪魔してしばし鹿の湯を堪能。

天気も晴天に恵まれて穏やかで気持ちのよい湯浴みになりました。

【温泉小屋】

鳩待峠から尾瀬を歩くこと四時間。基本的には木道を歩いていけばよく、前に行った山温泉に比べれば行きやすかった。ただ、天気がよすぎて木道は隠れる場所もなく、太陽に照りつけられながら暑さとの闘いだったが、周りの山々の景色はきれいであちこち写真を撮りながら温泉小屋をめざす。

温泉小屋の温泉は冷鉱泉なので沸かし湯になるが、ちょうど昼すぎに到着したので、一番乗りで温泉に入ることができた。薄く黄色みがかかった温泉は、かなり熱めに加温されていた。

その後は、外のテラスカフェにてそよ風に吹かれながらゆっくりとお酒を飲み、至福の時間を過ごしました。

本業が忙しかったこともありましたが、やはり今年もコロナ禍の影響で、例年に比べて温泉へ出かけることが少ない年でした。

早くコロナが落ち着き、心置きなく温泉に入りに出かけられる日が来ることを願うばかりです。

鹿野義治（しかの・よしはる）

●元々は温浴施設で入浴することが趣味だったのが、温泉を好んで入るようになり、徐々に温泉の奥深さにはまっていき、そしてよき温泉仲間に出会い、感化され、いつの間にか抜けることのできない温泉という沼にはまっています。

今年度も昨年に引き続き、コロナ禍で活動自粛を余儀なくされて、なかなか思い通りに湯巡りができない一年となってしまいました。この一年で入浴した施設数は七八カ所（一五都県）となんと昨年度と同数。昨年度と同様に不完全燃焼感を拭い去ることのできない一年となりました。

そんな一年のなかで印象に残った温泉は、「那須塩原駅前温泉」、「法師温泉 長寿館」、「オソウシ温泉 鹿乃湯荘」の三湯でしょうか！

①那須塩原駅前温泉

訪れたときはオープンしてから一カ月半ほどで、温泉好きの皆さまから情報がチラホラと流れていたので訪問することに。オープンして間もなく、施設もとてもきれいです。

浴室に入ると白濁した湯からは油臭（若干硫化水素臭も）が漂い、塩味もする個性的な湯。名前通り那須塩原駅にも近く、那須ガーデンアウトレットでのお買い物帰りにも最適。こんな所にこんな素敵な温泉施設ができていて感激でした。受付の女性も気さくな方で、温泉話に花を咲かせることができました。湯も人も居心地のよい温泉でした。

那須塩原駅前温泉

②法師温泉 長寿館

言わずと知れた法師温泉長寿館。なかなか訪れる機会に恵まれず十一年ぶりの訪問となりました。

今回は四万温泉の登山口から稲包山を登山後に宿泊で訪問。下山が遅くなりかなり遅めのチェックイン。しかし、それが幸いしてか、法師乃湯では多くの時間を独泉できました。足元から湧出する極上の湯で山の疲れもあっという間に癒やされました。

オソウシ温泉・鹿乃湯荘

③オソウシ温泉 鹿乃湯荘

温泉犬のケンが最大限のお出迎えをしてくれる、北海道のオソウシ温泉。玄関には鹿（剥製）もお出迎え。

オソウシの語源はアイヌ語で「滝がある川」とのこと。そんなオソウシ温泉、内湯には硫化水素臭のする、源泉を適温まで加温した湯と、加温していない源泉掛け流しの湯があり、ツルツルとした肌ざわりが感じられます。虫さえいなければ露天風呂をもっと堪能したかった!!

柴田克哉（しばた・かつや）

●平成最後の新入会員として4年目を迎える。コロナ禍をモノともせずに邁進する隊長（飯出代表）に取り憑き、週末の多くは「温泉百名山」の選定行脚に同行した。

新型コロナの波が次々と押し寄せるなか、意外にもこの一年の入湯数は二〇〇カ所近くあった。（うち、新規の温泉地は六八カ所）。自粛期間中はもっぱら脳内で旅のプランをあたため、いざ解除された暁には、ＧｏＴｏトラベルもフル活用して湯めぐりできたのが功を奏したのかもしれない。

そのなかでも印象深い湯といえば、湯切れすると真っ先に思い浮かぶ大好きな湯の再訪と未湯の地の探訪旅が入り交じって絞り込みづらいが、以下になるかと思う（正確な時期は諸般の事情で割愛）。

「硫黄取り沢の湯」で、達人会入会同期メンバーと

・自粛続きで病んだ心の湯治に身を委ねた温泉たち
壱岐湯ノ本温泉 平山旅館、高湯温泉 吾妻屋、奥土湯温泉 川上温泉、横向温泉 滝川屋旅館、上山田温泉 亀清旅館、塩山温泉 宏池荘、姥子温泉 秀明館、河内温泉 金谷旅館

・本会の総会・納会で訪れた、
初雪の藤七温泉 彩雲荘＆奥藤七温泉、その足で巡った国見温泉〜新玉川温泉〜硫黄取り沢の湯 ↑ここ、サイコーに気持ちよかった！

・日本温泉地域学会で訪れた
乳頭温泉郷からの、一本松（たつこの湯）
「大人の休日倶楽部パス」利用で巡った北東北（ほぼ再訪）
黄金崎不老ふ死温泉、ウェスパ椿山＆野湯、酸ヶ湯温泉、八甲田温泉、下風呂温泉、恐山温泉、東北温泉

・二〇年ぶりに降り立った琉球の地。しょっぱい温泉が増えていた！
琉球温泉 瀬長島〜塩川温泉〜三重城温泉 島人の湯〜女神の湯（海岸に湧く野湯）〜さしきの猿人の湯、沖縄最後の銭湯、中乃湯

・登山（温泉百名山）＆キャンプとセットで
トムラウシ温泉 東大雪荘、十勝岳温泉 湯元凌雲閣、吹上温泉 白銀荘＆露天の湯、東鳴子温泉 旅館大沼、四万温泉 つばたや旅館、法師温泉 長寿館、尾瀬温泉 小屋、三条の湯、燕温泉 樺太館、秩父川端温泉 梵の湯など

・サッカー観戦とセットで
青根温泉 湯元不忘閣、五色温泉 宗川旅館、祖谷温泉、小豆島温泉 オリーブ温泉

・期間限定
然別湖コタン温泉 氷上露天風呂」（最終日にミラクルで入れた！）と、然別峡かんの温泉＆鹿の湯温泉、糠平温泉中村屋、幌加温泉 湯元鹿の谷、十勝川温泉

・別府八湯温泉道
実はまだ名人になり損ねていた「別府八湯温泉道」の仕上げにこっそりと訪別し、復活の梅園温泉でひっそりとＦＩＮＩＳＨ！

・三瓶温泉郷名人スタンプラリーを軸に巡った島根の美湯＆未湯
美又温泉 とらや旅館、小屋原温泉 熊谷旅館、三瓶温泉さんべ荘、同そばカフェ湯元、千原温泉湯治場、出雲湯村温泉 露天風呂（野湯）など

出雲湯村・河原の露天

※この旅の帰りはＡＮＡの最終便に乗るはずが、間違えて出雲空港に行ってしまったことは、あまりにも恥ずかしくて人には話せません…。

島根孝夫（しまね・たかお）

◉温泉デビューは船橋ヘルスセンター。マイペースで温泉巡り。いつの間にか相当数の温泉に入っていた。残りの人生少ないので、いい温泉に入りたい。少しの量で酔っちゃうお酒が大好きで、体力的に1日10湯入れなくなった普通のおじさん。

これだけ長期間の自粛を求められると、そうそう出歩くわけにはいかない。人生も後半に入り、海外も含め旅行、温泉巡りが夢だったがなんという世の中だ。それでも、今年は浅間温泉に記念の歳で行く。ほかは鉄道にゆらり揺られ「海里」で庄内ギャラリー温泉・町湯。「ＳＬばんえつ物語」で会津若松・富士の湯。あっと！それから色々わけがあり、白馬八方温泉に通算四〇日入湯。

鈴木哲也（すずき・てつや）

◉温泉歴46年。小学2年で城崎温泉の外湯巡りをして温泉に魅了。一湯一泊がモットー。９年前から子連れ温泉を楽しみ、独自のテーマでお気に入りとなった全国の貸切風呂を会報で紹介してきたが、前回はコロナ禍で子連れ温泉を断念したが、今回から再開。

昨年九月以降、想い出深い温泉は次のとおり。

①上牧温泉（群馬県）
②繋温泉（岩手県）
③亀嵩温泉（島根県）
④鬼怒川温泉（栃木県）
⑤蔵王温泉（山形県）

二〇二一年も引続き、コロナの影響は少なからずあるだろうが、子連れで鉄道と絡めた温泉旅行を徐々に再開してゆきたいと思う。

なお、温泉活動とは脱線するが、二〇二一夏に日本初の「時刻表プライベート・ミュージアム」を開館。現在所有する七七〇冊を閲覧可能。

私にとって「温泉」と「鉄道」は車の両輪。どちらも人生に潤いを与えてくれるよき相棒として大切にしてゆきたい。

鈴木富男（すずき・とみお）

◉共同浴場、一軒宿の湯、源泉かけ流し、野湯、自噴、足元湧出などという言葉に心動かされてしまう唯の温泉好きなおじさんです。

前号では、湯巡りは新型コロナで今までになく控えめな年と記載しましたが、それでも二桁の温泉に行っていました。がしかし、今回はしっかり自粛を貫いたため、結婚記念日にＧｏＴｏトラベルを利用して泊まった、草津温泉（群馬）望雲と、五千円券が八千人に当たるというハクバククーポンに当選（当選確率九三パーセントだったらしい？）して行った、白馬八方温泉（長野）山楽荘の二軒のみ。閉塞感に耐え切れずちょっとだけ自粛やぶりの寂しい湯巡り。早く普通の生活に戻れますように…。

関真典（せき・まさのり）

◉せきまさのり　ネット上のハンドルネームは「温泉おやじ」。温泉に目覚めたのは30代半ばと遅咲きで、会のなかでは若輩者。普段は、在住の東海地方を中心に湯巡りを楽しんでいます。

相方（愛妻）とともに岡山県の湯巡りへ。詳細は本号の「温泉おやじの湯巡り記録 岡山編」をご覧ください（P15）。

令和三年四月。相方と数年ぶりに伊豆へ。伊豆といえば、当会会員でもある温泉部長さんに聞くのが一番と、あらかじめよさげな温泉をいくつか教えていただき、一泊二日の湯巡りに。

当日は急遽、部長さんと源泉駒の湯荘で合流。一緒にぬる湯を堪能。浴後は部長さんおすすめのうどん屋で昼食。

部長さんとお別れして大沢温泉依田之庄へ。以前は宿泊施設だったようだが、昨年末に日帰り温泉施設としてリニューアルオープン。内湯には適温とぬるめの浴槽があり開放的な造りの浴室も相まって、なかなか快適な湯浴みだった。ちなみに、カランやシャワーも源泉。弱アルカリ性単純温泉。

宿泊は雲見温泉 高見家へ。ご主人は漁師兼業で、獲れたての新鮮な海の幸を味わえる温泉民宿だ。男女別の内湯と貸切露天風呂があるが、いずれも小振りな造り。これはご主人曰く、源泉掛け流しにこだわるために、あえて大きくしなかったそうだ。非加温、非加水、非消毒というのもよい。夕食は豪華な舟盛り付きで大満足。おすすめの宿。カルシウム・ナトリウム–塩化物泉。

高見家の貸切り露天風呂

翌朝は、野天風呂山の家からスタート。男女ともに独泉。無色透明のやや熱めの湯で自噴掛け流し。カルシウム、ナトリウム–硫酸塩泉。

次に寄った舟渡の番屋で、湘南ナンバーのミニクーパーを駆る温泉マニアさんとご一緒。広大な海原を眺めながらしばし温泉談義。いろいろ情報交換ができて有意義なひと浴だった。ナトリウム–塩化物泉。

大川温泉磯の湯で伊豆では数少ない黄土色の濁り湯を満喫。ここも男女ともに独泉。ナトリウム・カルシウム–塩化物・硫酸塩泉。

舟渡の番屋露天風呂

昼食後、ちょっと足を延ばし伊東温泉大東館へ。戦中の防空壕後を利用した貸切りの五右衛門風呂や、貸切りの露天風呂でのんびり。日帰りで男女別大浴場と露天風呂、三つの貸し切り風呂をすべて利用できるのはうれしい。弱アルカリ性単純温泉。

湯巡りの締めは、竹倉温泉みなくち荘へ。以前は宿泊施設だったが、現在は日帰りのみで営業。みなくち荘は伊豆で開催された自炊部の帰路に、温泉部長さんに案内いただいたのが初めてで今回が二回目。夕方だったが、奇跡的に男女ともに独泉。オレンジ色の濁り湯でよく温まる。冷鉱泉(温泉法第二条適合泉)。

結局、宿泊を伴う湯巡りは、岡山県と静岡県の二回のみ。湯切れは体調管理上避けたいので、毎週、自宅から比較的近い尾張温泉、ごんぎつねの湯、養老温泉、いけだゆげ温泉、海津温泉、榊原温泉をローテーション。

同じ施設に何度も通うと、施設の状況や常連さんなど色々見えてきて面白いのだが、いくらよい温泉でも少々飽きがきてしまう。そろそろ違う温泉に…と思う今日このごろだ。

高田 彩未(たかだ・あやみ)
●小学校2年から父親と一緒に本格的な温泉巡りを始める。入湯数は1800湯以上。寝るのはだいたい車の中で、「道の駅」が常宿みたいなもの。温泉は古い、新しい、に関わらず「清潔感」を醸し出していることが重要と、こだわってます。

総会・納会に藤七温泉「彩雲荘」に前乗りでした。列車に乗って、レンタカーで知らない所をあっちに行ったり、こっちに行ったり、久しぶりに温泉巡りをしている気分になりました。もう何年も温泉巡りをしていないので、懐かしさがこみ上げました。

家族揃って大好きなお宿、姥湯温泉にも連泊で泊まることができました。帰りにママがすき焼きをご馳走してくれたサプライズ！　最高。

米沢牛黄木金剛閣のすき焼き

パパの呑み鉄にも付き合ってあげられました！　緻密に作られた行路表に従って三日間の鉄旅。私は付いていくだけですが、どれもこういうの「アリ」だなぁと感心しました。

多くの温泉に行けたわけではありませんが、コロナ禍のなかでなんとかひと通りできたようで満足しています。

高田和明（たかだ・かずあき）

●2001年にTV東京「TVチャンピオン全国温泉通選手権」で優勝。掛け流しを求めて、父娘でひたすら巡った湯は約1800湯。それが珍しいのでしょうか、時折、父娘でテレビなどのメディアに出させてもらったりしてます。

ひたすら三密を避けて数カ所だけど、なんとか温泉を巡ることができた。松川温泉の「松楓荘」「松川荘」「峡雲荘」の三軒の宿と、本会の総会・納会が行われた藤七温泉「彩雲荘」は、最後に訪れた記憶のまま、時が止まっているかのようでなんともうれしかった。

その後、国見温泉の「森山荘」と「石塚旅館」にも立ち寄ったが、こちらも昔のままの佇まいだった。「国見山荘」が十一月五日に閉館してしまい、タッチの差で入れなかったのが残念。どちらの宿も昔の様子を保ってはいたけれど、お客の数はお世辞にも多いとはいえず、現状維持が精一杯なのかもしれない。貴重な温泉がどうしようもない状態であることを、痛感させられた湯巡りとなった。

ゴールデンウィークが終わったころ、懲りずに家族三人で姥湯温泉「桝形屋」へ出かけた。東京ナンバーの車で行ったら石を投げられるんじゃない？と、主人に相談したら「大丈夫です、落石はあるけど」と言うので自分の車で行った。素晴らしい景色の湯に浸かっているだけで、角質がどんどんなくなっていくのがわかる良質な温泉。平日に連泊したのだけれど、ほぼ連日満室の様子。客に媚びる必要のない泉質と景色であり、急峻で狭隘な地に建つにしては贅沢感あふれる施設であるが、それだけでお客が絶えないのはなぜなのかを考えさせられた。

新潟と酒田を結ぶ「リゾート列車」と、新津と会津若松を結ぶ「SL列車」をくっつけた贅沢な計画を夢見ていた。どの列車も乗る人がいない、こんな時だからこそできる妥

桝形屋の露天風呂にて

協を一切しない計画を実行に移した。乗らなければ列車がなくなってしまうと思う心のほうが、「自粛」を上回っていた。

本会の主旨にはそぐわない、温泉はオマケのような旅となったが、それが自分の本性であるから、どうしようもない。計画は寸分の狂いもなくすべて上手くいって、東京駅に着いたE4系の二階から下車した。二度とできないなぁ、楽しかった！

武田 出（たけた・いずる）

●岡山生まれだが仕事の関係でバイクの聖地、浜松の近くへ住むこととなり、バイクツーリングにはまり、ツーリング途中の温泉にはまっていくこととなった。さらに転勤で北関東在住となり、さらに東北の温泉にはまることとなった。

今期も言わずもがな散々たる結果。ここ数年恒例となっている、一二月の北海道への初滑りは中止。酸ケ湯へのツアーはなんとか決行。GoToの使えた時期ということもあり、いつもより部屋、食事をグレードアップしたにもかかわらず、例年より安く行くことができた。

新規温泉地入湯数は、なんと昨年のさらに半分の四湯。そのうちの二湯が、満を持しての六月の式根島。感染対策に万全を期し、食事はアルコール、会話抜きという厳しいルールの下に決行。御釜湾海中温泉は、一三年越しでの念願の初入湯となった。また同じく、ロストした奥ふなりっとの湯も入湯。詳細は別途レポートにて（P131）。

御釜湾海中温泉。いい湯加減まで一時間以上根気強く待った甲斐あり

奥ふなりっとの湯。13年前ロストした湯

佃 文博（つくだ・ふみひろ）

●埼玉県での会社勤めのあと、長野県の新居地を終の住処と決め移住して約二年。眼の前の木曽山脈：南駒ケ岳・仙涯嶺・赤椰岳を眺めその日の天気予報を行う。落語とアンティークカメラを愛でる似非百姓の老いぼれジジイ。

昨年もそうだったが、基本的にはお出かけ自粛体勢。ゴールデンウィーク、お盆とも引き籠もりで、やっていたことといえば某SNSでの二〇年以上も前の写真の発信。昔のアルバムから一枚一枚スキャンをかけて懐かしい写真を見ていると…本編に続く…（P66）。

今年は新型コロナウイルス禍で旅行、国内移動もままならず、近場にある秘湯の湯は感染防止対策で、「日帰り温泉はお断り」状態である。唯一、六月下旬に会社勤めの旧友と再会するため、長野県岡谷市の岡谷温泉を訪ねる。

露木孝志（つゆき・たかし）

●達人会一の高級旅館好き。箱根山を見ながら育って40数年。子どものころから親しんだ伊豆・箱根の温泉旅館の楽しい思い出が、温泉を愛するきっかけに。

コロナ禍ではあったが、個人投資家の私は株主優待券を使用しないと有効期限切れもあり、また、配当が出ない代わりに経営している宿の料金が割引になった企業もあったので、GoToトラベルの恩恵も加え、比較的旅行に出かけた一年になってしまった。

二〇二〇年九月　江の島温泉 江の島アイランドスパ（神奈川県）、河津峰温泉 玉峰館（静岡県）
一〇月　箱根小涌谷温泉 水の音（神奈川県）、岩手県・秋田県の八幡平周辺の温泉（P38参照）
十一月　中棚温泉 中棚荘（長野県）、今治温泉 今治国際ホテル（愛媛県）、内子温泉・オーベルジュ内子（愛媛県）
二〇二一年一月　八幡野温泉郷 きらの里（静岡県）
二月　桜田温泉 山芳園（静岡県）、滝沢温泉 滝沢館（群馬県）
四月　伊豆長岡温泉 三養荘（静岡県）
五月　修善寺温泉 菊屋（静岡県）、神明温泉 湯元すぎ嶋（岐阜県）、濁河温泉 朝日荘（岐阜県）
六月　温泉達人会の有志と式根島の温泉めぐり
七月　蓮台寺温泉 清流荘（静岡県）、桜田温泉 山芳園（静岡県）
八月　小涌谷温泉 三河屋旅館（神奈川県）

寺田 聡（てらだ・さとし）

◉本業は某地方銀行勤務。大の温泉好きが社内で認知され、邦銀初の温泉部長に。「井伊湯種」という奇妙なペンネームまでもらい、地域貢献活動として、勤務先の地元である伊豆や箱根の温泉を銀行HP内で紹介している。

皆さん新型コロナの影響で温泉に行けない、という報告ばかりだと思いますが、私は職域接種がワクチン不足で延期になったりと、なかなかワクチン接種ができないこともあり、未だに辛い日々です。こんなに長く続くとは思っていませんでしたね。

この間、早々にワクチン接種された飯出代表はじめ、何名かのメンバーから湯巡りにお誘いいただきましたが、「ワクチン接種するまでは…」とお断りするばかりで、誠に残念かつ申しわけない気持ちです。しかし接種後も一気にストレス発散！というわけにはいかず、慎重な行動が必要ですね。

さらにコロナで困ったことは、大好きな宿や温泉施設の廃業情報があちこちから聞こえてくることでしょうか。伊豆でも、熱川温泉の「高磯の湯」が今年八月末で終了となりました。ここは、北川温泉「黒根岩風呂」、大川温泉「磯の湯」と合わせて、東伊豆の「海沿い三大立ち寄り湯」として人気の施設だっただけに、とても残念です。

私が本業で書いている地元の温泉紹介サイト『井伊部長の温泉グルメ探訪』も、取材を自粛しているため新規レポートの掲載をしばらく中断しており、たまに更新するのは廃業情報の追記ばかり。これは地元の温泉地を元気にするための活動ですので、なるべく早いタイミングで再開し、たくさんのレポートをアップしていきたいと考えています。

長尾祐美（ながお・ますみ）

◉新潟生まれ新潟育ち、現在東京在住。平日は金融業界で勤務する傍ら（コロナ前は）年間約100日は旅に出る生活。「温泉と日本酒はセットで楽しむ！」全国各地の湯縁と酒縁を心から愉しむのがライフワーク。

人に会うな、距離を保て、マスクで顔を覆え…。今までとは一八〇度違う生活態度を取らねばならないなか、それでも（動ける期間は）毎週のように会える人たち・会いたい人たちがいた…。それも名湯と共に。そのことに気づけたこと、気づかされたことが、このコロナ禍で唯一、最大の発見かな…。

制限された日々の生活から少しだけ離れて、自然の中で思いっきり深呼吸し、存分に豪快な湯と遊べた東北の野湯は本当に最高だった……！ 間違いなく今期ナンバーワン…。いや、それどころか自分史上かなりの上位に食い込む温泉体験に間違いなし。

　そしていつも、こんなコロナ禍でも、旅先の温泉地の方々、旅館のみなさんは温かく迎えてくださったことに、心から感謝。

「こんな大変な時期にお邪魔してすみません…」

「いえいえ、いらしてくださってありがとうございます、またぜひゆっくりいらしてください」

　以下、コロナ禍で大幅に活動が制限されたなか、感染防止対策を心がけつつ巡れた温泉の数々♨（一部抜粋です）

〈野湯系〉秋田（硫黄取り沢の湯・たつこの湯）、沖縄（ジョン万ビーチ女神の湯）、

〈山温泉系〉福島（尾瀬 温泉小屋）、山梨（三条の湯）、新潟（黄金、河原の湯）、北海道（吹上露天の湯）

〈キャンプ系〉埼玉（梵の湯）

〈旅館系〉東京（由縁別邸代田）、沖縄（ハレクラニ沖縄）、大分（ＡＮＡインターコンチネンタル別府リゾート＆スパ、界別府、癒しの宿ＧＩ、喜可久、寒の地獄）、神奈川：箱根（環翠楼別館、環翠楼本館、萬翠楼福住、武蔵野別館、強羅環翠楼、ＨＡＫＯＮＥ ＴＥＮＴ）、新潟（岩室高志の宿高島屋、鷹の巣館、樺太館、柳水園、村杉長生館、嵐渓荘、赤倉ホテル）、福島（飯坂ほりえや旅館内まひろや旅館、横向滝川屋、中ノ沢五葉荘）、岩手（湯川山人 -yamado-、藤三、雫石栄弥、藤七彩雲荘、松川峡雲荘）、長野（沓掛満山荘、明治）、石川（粟津法師）、群馬（松の湯松渓館）、北海道（然別かんの、愛山渓、十勝岳凌雲閣）、宮城（鳴子すがわら、鳴子ホテル）、秋田（休暇村乳頭、新玉川、駒ケ岳、鶴の湯）、山形（三木屋山蒼來）

〈共同浴場系〉別府八湯温泉道、新潟（華報寺、かのせ赤湯、新津、白根関根）

最高の野湯体験！＠硫黄取り沢の湯

2017年温泉達人会入会同期組メンバーとの湯巡り

永野光宗（ながの・みつたか）

●登山の帰りに毎回温泉に浸かり、気付けば趣味は温泉巡りに。今年ようやく1500湯入湯を果たす。三百名山完登に向けて、関東・甲信越から東北までの山と温泉。お酒を楽しんでいる気ままな関西在住の40代。

　今年の春に神戸へ転居することとなり、関西での暮らしがスタートした。六甲山系を歩き、温泉銭湯を巡った。

　転居後最初の週末は、摩耶山に登頂し、最初の温泉として「灘温泉水道筋店」を訪問。コロナ禍にもかかわらず多くの人でにぎわっていた。打たせ湯の轟音を聞きつつ、褐色でぬるめの源泉浴槽で登山の疲れを癒した。

　翌週は、神戸駅から徒歩圏内にある朝日温泉を訪問。ここも掛け流しの浴槽がある銭湯であるが、あまり落ち着い

て入浴できなかった。その翌日は、阪急芦屋川駅から六甲山に登頂し、有馬温泉に下山。温泉は「康貴」を選んだ。以前は日帰りのみであったが、現在は宿泊も可能で、有馬温泉の金泉と銀泉の双方を楽しむことができる。入浴客も少なく、貸し切りでお風呂を堪能できた。

毎週末毎に六甲山系を歩いているが、その次の週は、須磨海岸から須磨アルプスなどを経て菊水山に登頂し、そのまま下山して「湊山温泉」を訪問。夕刻の訪問であるから

有馬温泉・康貴の金泉

か混雑しており、源泉浴槽も多くの人がいて、くつろげなかった。

GWに入ったが旅行もままならないため、自転車で神戸の街を周遊。まずは「六甲塚おとめ塚温泉」を訪問。掛け流しの緑色の湯は、関西屈指の名湯である。なお、ここは誕生日に訪問すると無料でソフトクリームなどを提供してくれる。続いて「灘温泉六甲道店」を訪問。こちらの源泉浴槽も気持ちがよく、泡付きのよい褐色の湯が掛け流しになっていた。GWの終りには、

六甲おとめ塚温泉

雑誌「温泉博士」の割引が適用される大阪南部の日帰り入浴施設である「くつろぎの郷湯楽」まで足を伸ばす。、あまり温泉らしさは感じられず、芋を洗うような状態であるため、早々に退散をした。

五月の中旬には、神戸の漁港駒ヶ林の住宅街にある「ゆうゆうらんど紀の国」を訪問。露天岩風呂が心地よい。翌日には鍋蓋山から摩耶山まで歩き、再度「灘温泉水道筋店」を訪問。ここもよい温泉であるので、ついつい足が向いてしまう。

下旬には、先月からの山歩きのなかで、六甲山全山縦走のルートの未踏部分である、摩耶山から六甲山を経由し、宝塚に下山。西宮まで電車で移動をして「双葉温泉」を訪問した。ここは、銭湯であるが、大きな岩風呂があり、非日常の温泉気分を楽しむことができる。

これからも関西の山と食、そして湯を十分に堪能していきたい。

成田千波（なりた・ちなみ）

◉東京在住会社員です。最近は私事で温泉と縁遠い生活をしています。夢は、早期リタイヤして温泉地に移住すること。

限界温泉…？　知ったのは、かれこれ一〇数年前だろうか。いつか行こうと先延ばしにしていた温泉に、墓参りついでに寄ってみた。

旅行サイトには華々しく掲載され、地元の人に人気の温泉に思えたが、閑散として、休日なのに誰も歩いていない。がらんどうの駐車場に車を停め、ひと浴のために、温泉街で一番趣のあるホテルに入ってみる。チェックアウトの時間なのに静寂が漂っている。さっきまで団体客がいてにぎやかだったという浴室は、貸

し切りで仕切りの向こうも物音ひとつしない。小一時間入り、誰に会うこともなくホテルをあとにする。

花町の面影もなく、人っ子一人いないこの場所は、別の世界に紛れたかのようだ。ふと、時間がないのに温泉街を走ってみたくなった。

静かだ。真新しい足湯は利用者がいなくて寂しげで、廃業したホテルのドアには、かなり前に配達されただろう郵便物が挟まっている。廃墟が並んだ温泉街は虚しく、食堂もスナックも、もぬけの殻だ。

新しめの建物を発見し、健気に営業しているのかと思ったら介護施設だった。古びた灰色の温泉病院は、まるで映画に出てくる閉鎖病棟のよう。これが地方の温泉の現実？コロナの影響なだけ？

いてもたってもいられなくなり、戻ることにした帰り道、運動着の学生たちにすれ違った。ほかの旅館で合宿しているらしい。来年も学生は合宿に来てくれるのだろうか。

これが日本の未来。私ができるのはただ行くだけ、伝えるだけ。

温井勝敏（ぬくい・かつとし）

●令和になってから会の末席に加えていただいた新参者です。温泉の巨人たちの背中を仰ぎ見つつ、湯巡りを楽しんでいます。

九月上旬、残暑のなか、ぬる湯を求めて山梨県の温泉巡りへ。下部温泉、増富ラジウム温泉で長湯を楽しみ、韮崎旭温泉で泡まみれになり、ほったらかし温泉からの眺望を満喫したあと、ぶどう狩りも堪能。

一〇月上旬、中の湯温泉、坂巻温泉、白骨温泉、下諏訪温泉 菅野温泉、霊泉寺温泉共同浴場、鹿教湯温泉、別所温泉 大湯、田沢温泉 有乳湯の湯巡りへ。

下旬は、達人会の総会で藤七温泉、安比温泉、松川温泉、新安比温泉、後生掛温泉、ふけの湯、玉川温泉、一本松たっこの湯、乳頭温泉郷、国見温泉など、岩手と秋田の名湯巡りを楽しむ。閉鎖前の国見温泉 国見山荘にも滑り込みで入湯。

十一月初旬、蒲田周辺の湯巡りに出かけ、改正湯、はすぬま温泉などに浸かり、湯上りに町中華で羽根付き餃子とビールに舌鼓を打つ。

中旬は、喜連川早乙女温泉の癖の強い泉質を堪能。塩原

安比温泉

一本松たっこの湯

温泉郷 塩の湯温泉に浸かり、湯上がりにはスープ入り焼きそばで腹ごしらえ。人里離れた柳沢鉱泉に浸かり、仕上げに板室温泉で入湯。

一二月中旬、伊東の大東館で入浴。東海館は新型コロナに伴う休業のため入浴できず残念。熱海では竜宮閣、日航亭大湯、駅前温泉浴場で湯浴み。

下旬は、茨城県南部から千葉県東部を湯巡り。たいよう温泉、あそう温泉、犬吠埼温泉、矢指ケ浦温泉、飯岡温泉を巡る。年末年始は、茨城の湯の澤鉱泉に逗留。

一月、年明け早々に栃木県東部の与一温泉、佐久山温泉、南平台温泉、黒羽温泉、寺山鉱泉を湯巡り。宿泊した馬頭温泉ではフグ料理を堪能。

二月、神川温泉、八塩温泉八塩館、西八津温泉、両神温泉の湯巡りとイチゴ狩りを楽しむ。

三月、下仁田温泉、磯部温泉、八塩温泉 神水館、和銅鉱泉、武甲温泉を湯巡り。

四月上旬、奥多摩地方の湯巡り。中旬は川原湯温泉、半出来温泉、鹿沢温泉、千古温泉、新戸倉温泉、上山田温泉を巡る。下旬はしもつま温泉を訪湯。

五月、コロナ禍に伴い外出を自粛。

六月、松が下雅湯、地鉈温泉、山海の湯などの式根島の温泉巡り。海を眺めながらの久しぶりの湯浴みは気分爽快。

七月上旬~中旬、青梅地方の湯巡りと九月で閉鎖となる、お台場の大江戸温泉物語で湯浴み。

七月下旬~八月、コロナ禍に伴い外出を自粛。集めた温泉情報を眺めながら次の湯旅に備えて大人しくステイホーム。

古舘明廣（ふるだて・あきひろ）

◉山に山菜と茸を採り、海に魚と貝と海藻を採り、山に肉を捕りに行けば言うことなし。温泉は言うに及ばず。

今回もコロナ禍において一湯も入れずじまい。代わりといっちゃ何ですが、こんな提案はいかがでしょう。

「提灯」はいかが？

地域おこしがブームになって久しい。うまくいっている自治体はニュースになるくらいだから、どこも苦戦が続いているのだと思う。温泉地も同じで、そこへもってきてのコロナですから、どこもたいへんです。そこで、温泉街おこしの愚案をひとつ。提灯で温泉街活性化はどうでしょう。

提灯は手で持つやつです。小田原提灯が有名ですが、あれはたたんで携帯する旅行用ですから、ここでは宿場の宿でそなえていた「ぶら提灯」とかいうやつがいいでしょう。これに屋号を書き入れ、泊まり客の外出時にお貸しするのです。

さらに、お客がこの提灯が気に入ってくれた場合を想定し、販売用も用意します。

街灯が邪魔をするのでは……ごもっともです。ともあれ、温泉街の風情をいっそう盛り立ててくれそうです。

最近は地域の伝統工芸を見直す動きがさかんです。ということで、周辺の和紙作りや竹細工などの伝統工芸とタイアップすれば、地域にも貢献できます。ろうそくに和ろうそくを使用すれば、なおよいでしょう。詳しくは知りませんが、たかが提灯でも、岐阜提灯は国の伝統的工芸品に指定されているほどです。が、温泉街ではそのレベルの工芸品でなくてもよいのが利点です。

日本の伝統の灯りをたよりに温泉街をめぐれば、地方なら戦前の、都市部なら江戸期の夜の闇を体感できそうです。

古くなったら修理して使いたいものです。修理が不可能でも、焼却可です。しかも地球温暖化にも影響しません。二酸化炭素は循環しますから。

本道夏美（ほんどう・なつみ）

◉長湯したいわけではないが、温泉に浸かると湯船から出られなくなる。

昨年（二〇二〇年）の二月以降は新型コロナウイルス流行のため、温泉を自粛した。週に二、三回通っていたスポーツジムも退会してしまった。

今年は温泉にもジムにも一度も行っていない。自由に外出や運動ができるありがたさを、今回のコロナ禍で知った。
この騒ぎが収束し再び温泉に行けるようになったら、今まで以上に味わいながら浸かりたいと思っている。

山田 豊（やまだ・ゆたか）

◉温泉っていいですね。のんびりと湯に浸かれば身も心もやんわりとほぐされていきます。温泉に行くまでの行程は徒歩や車、鉄道、飛行機など乗り物好きなのでなんでも楽しいですが、旅情とか考えたらやっぱり鉄旅がいいかな、酒が飲めるし。

通常の年と比べると、入湯数が激減した昨期よりさらに少なくなり、登米に行った折りの秋保温泉、ＧｏＴｏで八方温泉。山高神代桜に花見に行って白州塩沢温泉。上高地の帰りに浅間温泉。乗り鉄で寄った町湯温泉、富士の湯温泉の六湯のみとなりました。このご時世、まぁしょうがないですね。来期は新型コロナが落ち着いて、心置きなく温泉巡りができればいいな。

吉田京子（よしだ・きょうこ）

◉20代のころより鄙びた温泉にはまり、ひとり旅で全国の温泉を訪ねる。共同湯のある温泉街、歴史的建造物の宿、文人墨客ゆかりの温泉が大好き。日舞、着物、相撲、歌舞伎、古民家カフェなどに心ひかれる日本かぶれ。鈍行好きなプチ鉄子でもある。ＴＶチャンピオン第1回温泉通選手権に紅一点で出場。日本文化を守る「ＮＰＯ川越きもの散歩」で活動中。

二〇二〇年初頭から始まった新型コロナウイルス感染騒動は、一年経っても収まるどころか勢いを増すばかり。こんなに長引くとは思っていなかった人が多いのではないでしょうか。病院勤務という環境に加え融通が利かない性格ゆえ、必要以上に慎重に半径一〇キロの生活圏で過ごす日々が続いています。コロナ禍になってからは近所の日帰り温泉や銭湯にも行かず、この一年で温泉に入ったのは本文に書いた秩父と磯部だけでした。

出かけられなくなってからハマったのが『孤独のグルメ』。主人公の井之頭五郎の心のつぶやきに共感し、「あ〜、わかるわぁ。この感じいいよね〜。そうそう、こういうのでいいんだよ！」と、テレビの前でひとり言。ごくたま〜に、開店直後のお店でひとりランチをするのが、唯一の楽しみになりました。コロナ禍では孤食と黙食が推奨されていますが、うるさい集団が大の苦手な私にとって、心地いい状況であることに気付いたのです。

そんななか、磯部温泉に行く前に歩いた高崎の中央銀座商店街のアーケードが、孤独のグルメ・シーズン9に登場し、井之頭五郎役の松重豊さんがシャッターだらけの同じ風景の中を行くのを見て、なんともうれしかったこと。いつか私が見つけたお店が、孤独のグルメに登場するのでは？と期待したりして。

気楽に行けなくなった分、より温泉のありがたみを感じた一年でもありました。秩父では塞いでいた気持ちの開放を、磯部では帯状疱疹で弱った体の湯治をすることができました。宮本家と小島屋で過ごした時間は宝物です。ひとり好きは変わらず「私の食に密はない！　私の旅に密はない！」と、今後も孤独の黙食ランチやひとり温泉泊のソロ活が続くでしょう。

ただ、一〇カ月も入院生活が続いている高齢の父には早く会って励ましてあげたいし、大変な思いをしている飲食店や旅館が閉まることがないように、また医療が正常な状態に戻るために、コロナが下火になることを切に願っています。

温泉達人会 分科会 活動レポート

温泉達人会の分科会詳細レポート・武田 出

式根島御釜湾海中温泉

●式根島　2021年。6月12〜14日
参加6人　参加者：五十嵐光喜　金子茂子　武田 出　露木孝志　永野光崇　温井勝敏

伊豆諸島式根島の御釜湾海中温泉は、本会報五号にも出ているが、干潮時に船でアプローチ、最後は泳ぎでしか到達できない湾の奥にある湯だ。

二〇〇八年に別仲間と計画していたのだが、種々理由で御釜湾は断念。今回、五十嵐会員の企画で二年前からこの海中温泉を準備していたものの、昨年はコロナで残念ながら延期。今年もこの時期、東京都はまだ緊急事態宣言下ではあるが、宿が確保できれば来島は受け入れてもらえるとのこと。

とにかくお出かけを控え、体調管理万全で六月第二週の週末に臨む。誰からか二〇〇メートル泳ぐかもしれないとの脅しもあり、ちゃんと地元のプールで自分の泳ぎも確認。メガネなしでも泳げるよう度付きゴーグル、荷物用に防水バッグを手配し準備万端。

六月の大潮の時期の伊豆諸島への大型船は、運休で朝到着便がないことが判明。朝早く新幹線で東京移動後、高速船での移動となった。

このご時世でも意外に混んでいるなと辺りを見回すと、ほどなくここから同行の三名発見。

本日一二日の干潮は一二時二〇分。天気予報を見ると本日しかチャンスはない。すでに伊豆諸島を回っていた五十嵐氏と熱海経由の露木氏は大島で合流し、予定通り一二時式根島到着。バタバタと宿の車に乗り込みすぐに島反対の港へ。一〇人乗りくらいの釣り船で出航、意外に穏やかな天気、陽も射してきた。

ものの一〇分ほどで湾の奥に到着。先発は誰？　あれ、バタバタしているけど大丈夫か？　人の心配より自分の心配？　ライフジャケットを着込み二〇メートルほど泳げば足が届く。二〇〇メートル泳ぐかもと脅されていたのが拍子抜け。

ここまで島に着いてから三〇分経っていない。素晴らしい団結力！

一二時半には全員上陸も、干潮時刻はすでに過ぎている。これからは潮が上がってくる。湾の突き当たり右奥から九〇度以上の湯が崖の岩の割れ目から吹き出しているのを確認

早速船に乗り込む

ここからは泳ぎです

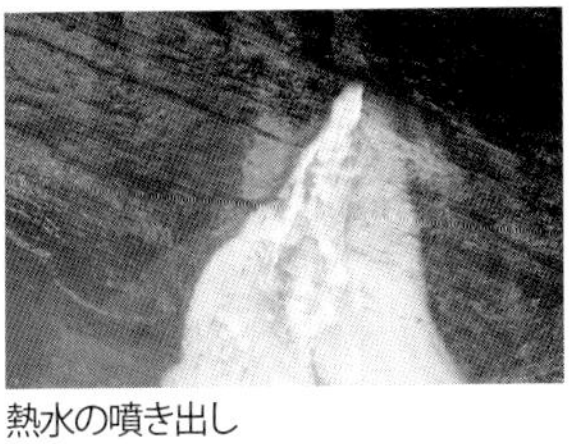
熱水の噴き出し

するも、味見は失念。

写真で見た辺り一面から湯が湧き出しているという状態ではないが、この辺りの海水は温かいのでどこでも入浴可能。天気も回復し明るい晴天の下、一三時ごろまで思い思いに入浴を楽しむが、最近ウエブとかテレビで紹介されている西側の大きな湯だまりは、干潮時だと薄めるための海水が入らず熱すぎて入れない。六〇度はあるか?

ライフジャケットの浮力で暖かい海にプカプカ浮きながらの入浴が楽しい。

海面が上がるのを延々待つ

あたり一帯ぬるま湯の極楽温泉

ぷかぷか浮いて湯船の水位上がるのを待つ

もう入れるよ!

皆で記念撮影

こと一時間以上。意を決し、海水が入り込むぬるい方向から体を張ってジャバジャバと攪拌《かくはん》しながら湯船の真ん中に進むと、あれまあ適温に。大きな湯船での入浴となった。
帰りも波はまだ穏やかで、

無事泳いで船まで戻ってきました

温泉から帰りに海から地鉈温泉を見る

地鉈温泉

ちょっとの泳ぎで乗船。帰りには地鉈《じなた》温泉を沖から見てみる。結果的にこの日のアタックで大正解。戻ってきて上がり湯に松が下雅《みやび》湯へ。
当初上がり湯に考えていた憩いの家は、島へ上陸後一週間たっていないと入れないということだった。また宿の食事は海の幸満載でゆっくりいただきたいが、感染予防のためアルコール、会話なしというのが今回のさみしいところ。だが、これもこのご時世いたし方がない。
翌日はレンタサイクルではしご湯。朝食前に地鉈温泉へ。

なぜかお疲れの五十嵐氏は、お留守番。電動自転車で楽々入り口まで到着。海岸までは延々と下りが続くが、両側から迫りくる大きな岩の間を抜けると、その先に絶景の露天が。

写真を撮っていると何かおかしい。レンズが曇っている? 昨日の海中温泉で海の中を撮ろうと(完全防水のはずなのだが)カメラを海に沈めたのがよくなかったようだ。

朝食後は島の北の泊海岸へ。波が穏やかで海が澄んでいてここの眺めは美しい。この海岸の端にぬるい湯が湧いてい

泊海岸の湯

るのだ。掘ってつくった即席の湯船に最後に浸かっていると、私以外のメンバーはシュノーケリングへ出かけた。

午後に備え南下。途中の売店で揚げパンを昼食用に入手。翌日、みんな有休を取ると

泊海岸にてシュノーケリング

奥ふなりっとの湯.

潮が引いて熱くなってきたふなりっとの湯

思っていなかった露木氏はここでさようなら（え、予備日なしだったの？）。

干潮の時間を確認し、奥ふなりっとの湯へ移動。最近は山海温泉と呼ばれているふなりっとの湯の先にあり、大潮のときにしか現れないという湯。潮の引きがあまり強くなかったからか大海原と一体になった素晴らしい湯だ。私は一三年前に入れなかったので大満足。

帰りにふなりっとの湯へ寄るも、こちらはまだ潮が引きすぎて激アツ。無理矢理お尻だけ浸かる姿はまるで和式〇〇。あ、写真載せられません。

足付温泉

ふなりっとの湯

足付温泉はこちらも潮加減が悪く、いまいち快適でない。雨も降ってきてここも明日かなあ。

翌日は、朝からふなりっとの湯（山海温泉）へ。九時前の到着時はまだ潮位が高くぬるめの適温だったが、潮位が下がるにつれだんだん激熱に。足付温泉は最上段のみ適温。

湯量、温度に関しては今回ちょっとタイミングを外した感があるかな？　松が下雅湯は終日上がり湯扱いとなった。

ところで一三年前に楽しめた釜下海岸、石白川海岸の湯は今回見つからなかった。なぜだ？

かなり制限のかかった湯巡りではあったが、今シーズンはこれ一本に絞って望んだので上々の結果だった。

連日上がり湯になった松が下雅湯

御釜湾海中温泉。皆よく来ました！

gallery

vol.08 別バージョン

vol.09 別バージョン

表紙 別バージョン

会報の表紙を飾る写真は。前年の総会・納会会場の混浴露天風呂で撮る。様々な方角、角度からの撮影、場所を移動しての撮影など、カメラ担当の青沼会員が精力的に撮影したなかから、最良の1点に絞って表紙を決定する。ボツになった写真にも捨てがたい写真がいっぱいある。今回はそのいくつかを、別バージョンとして公開。

vol.07 幻の表紙

2013 年の総会・納会会場は祖母谷温泉。その露天風呂で撮影した写真がこれ。本来ならこの表紙で７号が発行されるはずだったが、帰りに立ち寄った黒薙温泉の露天写真の出来がよく、涙の差し替えとなった。まさしく幻の表紙である。

vol.11 別バージョン

vol.13 別バージョン

vol.14 別バージョン